表紙写真（右）◎千代田工場　1984（昭和59）年1月25日　撮影：森嶋孝司（RGG）
（左上）◎新今宮〜今宮戎　1985（昭和60）年11月3日　撮影：森嶋孝司（RGG）
（左中）◎難波〜今宮戎　1975（昭和50）年6月18日　撮影：荒川好夫（RGG）
（左下）◎狭山〜狭山遊園前（現・大阪狭山市）1993（平成5）年4月7日　撮影：寺本光照

裏表紙写真（上）◎淡輪〜箱作　1992（平成4）年4月13日　撮影：森嶋孝司（RGG）
（下）◎極楽橋　1980（昭和55）年3月　撮影：大道政之（RGG）

はじめに

　筆者は大阪府中河内の八尾市で生まれ、北河内の大東市で育ち、そして現在は南河内の柏原市旧国分町に住む生粋の河内人である。鉄道には幼い頃から興味を抱いていたが、当時の自宅近くを走る片町線は旧形の普通電車ばかりだったので、いま一つ好きにはなれなかった。

　しかし、筆者の生家である母の実家は八尾市、母方の伯母は泉南市と河内長野市に住んでいたので、八尾や伯母たちの家へ行くときは近鉄電車や南海電車に乗ることができ、それが楽しみだった。筆者にとって幼少期から中学生にあたる1950年代から60年代にかけての近鉄と南海は、いやが上にも乗車欲を掻き立てる特急のほか、さまざま形式の電車がはしっていたからである。特に泉南市へ行くときは難波から泉佐野まで急行を利用したが、どうしても11001系のクロスシートに座りたく、時には11001系がやって来るまでホームで1時間ばかり待ったこともあった。1座席に一つ分の窓があり、ビニールのカバーが掛けられている転換クロスシートは、現在のグリーン車並みで、初めて席に座った時の嬉しさは、今も忘れることができない。

　鉄道を本格的に趣味として活動を始めたのは、高校生になった1965年からで、南海電車についても特に特急列車やネームドトレインを研究対象としていたこともあり、鉄道誌にも何度か記事を発表させていただいた。

　今回、縁があってアルファベータブックスから『昭和〜平成 南海電鉄沿線アルバム』の発表の機会を得たが、なにぶん写真集的な書籍をつくるのは初めての体験で、以前から南海電車の写真もそうした目的で撮影していないので、いざ編集をするとなると手持ち写真の絶対数不足もあって、掲載写真を集めるだけでも大変だった。幸いにも辻阪昭浩、西尾恵介、藤井信夫、諸河 久の各氏のご協力もあり、1950年代後半から1990年代にいたるまで、何とか歴代の車両を中心とした本にまとめることができた。

　南海電車の形式（系列）については、「こうや号」用電車を例にとれば、書物によって30000系と30001系の両方の表記が見られるが、本書では1500V昇圧の1973年10月を基準に、以後在籍の車両は1の位を0とし、30000系・50000系、それ以前に廃車された車両は1の位を1の11001系といった形で表記した。

　読者の方には、本書により南海電鉄の車両や沿線風景等に興味を深めていただければ幸いである。

2021年　早春　寺本光照

難波を15時12分に同時発車した和歌山市行き「サザン13号」と橋本行き「りんかん3号」の両特急は、南海本線と高野線が分岐する岸里玉出までは線路別複々線を並走する。その中間の高野線上り線には難波行きの8200系も姿を見せ、南海電鉄難波口での賑わいを象徴している。◎新今宮　1993（平成5）年2月13日　撮影：寺本光照

1章
カラーフィルムで記録された
南海本線

11001系5連の和歌山市発難波行き急行が大阪湾に沿って走る。南海本線泉南地方の海岸に沿って走る緑の電車と海との組み合わせは、南海電車が最もマッチする絵でもある。流線形転換クロスシート車の11001系は当時6両2本と5両5本が在籍し、もっぱら南海本線の特急と一部の急行で運用されていた。◎鳥取ノ荘～箱作　1969（昭和44）年10月12日　撮影：寺本光照

難波駅付近を行く20000系「こうや号」。乗客の姿がなく、座席の向きからは千代田検車区から難波への回送列車と思われる。シートピッチ1100mmのリクライニングシートを有する20000系は、当時の私鉄有料特急でも最高峰の車両だった。大阪市内の繁華街に近い場所でも高層ビルがなく、古い商店の姿に"昭和"の時代が感じられる。
◎難波〜今宮戎　1975（昭和50）年6月18日　撮影：荒川好夫（RGG）

600Vから1500Vに昇圧直後の南海本線岸ノ里駅を通過する、難波発和歌山港行き特急「四国号」1000系6両編成。前から2両が座席指定車（料金150円）で、車体中央の窓下に表示札が付けられている。列車真上で直交する高架は汐見橋からの高野線で、岸ノ里駅の高野線ホームは汐見橋行き（60ページ）を含め、高架線の右側にあった。つまり、岸ノ里駅は地図上では南海本線と高野線の分岐駅とはいうものの、汐見橋を起点とするはずの高野線列車は、難波からの南海本線複々線の東側2線を借用し、本線の岸ノ里駅ホーム手前で短絡線を使って高野線に合流しているため、ホームは南海・高野（難波方向）・同（汐見橋方向）とも独立して設置されていた。◎岸ノ里（現・岸里玉出）1973（昭和48）年10月　撮影：荒川好夫（RGG）

南海本線の難波〜住ノ江間は複々線構造で、このうち岸ノ里（現・岸里玉出）までは、東（山）側2線が高野線、西（海）側2線は南海本線が使用する線路別複々線となっている。そのため行き交う列車本数が多く、両線列車のすれ違いや追い抜きシーンは幾度となく見られる。写真左側は7100系4連の南海本線みさき公園行き普通、右側は6200系の難波行き回送列車である。
◎新今宮〜萩ノ茶屋　1985（昭和60）年11月3日　撮影：森嶋孝司（RGG）

南海初の高性能電車で特急・急行用クロスシート車でもある11001系は、1973（昭和48）年10月の電車線電圧の1500Ｖ昇圧
に際し、全車43両中6両4本の電動機や制御器を7000・7100系と同様のものに取替え、冷房付きの1000系として整備される。
しかし、南海本線の直通客にとっては両数が減った分、クロスシートへの乗車機会が少なくなったのは残念だった。写真は急
行で活躍する晩年の姿。◎新今宮　1985（昭和60）年8月12日　撮影：森嶋孝司（RGG）

複々線区間を新今宮駅ホームから撮影した写真。後方の今宮戎駅とはわずか0.5kmの距離なので、望遠レンズではさらに近く
見える。泉北高速鉄道線直通の準急と外側の下り線を走行中の6100系は、高野線では6000系に続くオールステンレス製の
20m通勤車として1970（昭和45）年から73年にかけて登場。同期の南海線用7100系同様両開き扉と下降式窓を採用している。
◎今宮戎～新今宮　1983（昭和58）年10月25日　撮影：森嶋孝司（RGG）

南海本線の特急は1985(昭和60)年11月の「サザン」就役以後、全車または一部座席指定で運転されてきたが、2012(平成24)年4月まではロングシートの全車自由席特急も少本数ながら運転されていた。撮影当時は下り(和歌山方面行き)3本・上り1本の運転で、7000系や7100系がその任に当たっていた。写真は新塗装化された7100系6連で、後方に新今宮駅ホームが見える。◎新今宮～萩ノ茶屋　1993(平成5)年2月13日　撮影：寺本光照

高野線列車は1971(昭和46)年4月の泉北高速鉄道線中百舌鳥～泉ヶ丘間開業以来、同社線と相互乗入れを行なっている。写真は泉北高速100系による難波発光明池行き準急で、6100系をベースにした車体で、正貫通路部分にブルーの塗装を施しているのが特徴である。後方に見える今宮戎駅には高野線用しかホームがないので、南海本線列車は停車できない。◎今宮戎～新今宮　1993(平成5)年2月13日　撮影：寺本光照

難波発高石行き普通に運用される7000系4連。7000系は1963（昭和38）年から68年にかけて90両が登場。南海線としては初の4ドア通勤車で、撮影当時は全車両ともまだ登場時そのままに、非冷房で行き先表示板も付けていた。南海電鉄では種別を問わず円形の表示板は「本線列車」の証である。◎今宮戎〜新今宮　1975（昭和50）年6月18日　荒川好夫（RGG）

撮影当時、高野線では最新形式の20m通勤車で、界磁チョッパを採用した8200系6連からなる北野田行き各停が萩ノ茶屋駅に進入する。同じ各駅停車タイプでも南海本線の「普通」に対し、高野線列車が「各停」の種別を名乗るのは、複々線区間のうち難波〜天下茶屋間では、南海本線の普通は今宮戎・萩ノ茶屋の両駅を通過（というよりは停車することができない）するため、種別を変えることで乗客の誤乗を防止するのが理由である。
◎新今宮〜萩ノ茶屋　1985（昭和60）年8月10日　撮影：森嶋孝司（RGG）

1985（昭和60）年5月に高架化が完成したばかりの堺駅3番線に7000系4連のみさき公園発難波行きが停車。堺駅は堺市内の鉄道駅としては最古の歴史を誇る重要駅で、市名を名乗るとともに、撮影当時はすべての列車が停車した。7000系は1983（昭和58）年から冷房改造が開始されたが、当時は約半数にあたる車両が非冷房で残されており、利用客の乗車時間が短い普通列車運用に充てられていた。◎堺　1985（昭和60）年8月13日　撮影：寺本光照

南海では1954（昭和29）年に高性能車11001系が登場して以来、南海線と高野線とで別形式の車両が製造されてきたが、1991（平成3）年度から20m4扉車については、両線共通仕様とすることになり、その第1陣として1000系が登場する。南海通勤車の標準となったステンレス車だが、外板の突起を廃止する一方で、塗装を施しているので、鋼製車やアルミ車との見分けが付きにくい。写真は新車落成後の撮影会でのスナップで、第1・第2の編成が並ぶ。
◎羽倉崎検車区　1992（平成4）年6月21日　撮影：寺本光照

9000系は南海線用通勤車では初のステンレス車体と界磁チョッパを採用し、1985（昭和60）年から88年にかけて製造された車両である。正面貫通路上の急行表示に白線が入れられているのは、関西空港行きと同様、春木にも停車することを示す。9000系は形態的には先に登場した高野線用の8200系に準じるものの、正面窓の上面を妻一杯にまで拡大しているのが特色。落成時は窓下にグリーンの帯を巻いていた（21ページ下写真）が、1992（平成4）年以後新標準色に改装された。
◎鶴原〜井原里　1994（平成6）年10月6日　撮影：松本正敏（RGG）

7100系4連の和歌山市発難波行き普通。和歌山寄りの先頭車がモハ7174の編成は、1973（昭和48）年8月の竣工時から冷房付きの編成で、南海のカラーデザイン変更に伴い、在来車のトップを切って1992（平成4）年3月19日に新塗装化された。従来のグリーンの濃淡から、写真のライトグレー地にブルーとオレンジのストライプへの塗装変更には、利用客からも賛否両論が渦巻いたといわれる。◎鶴原〜井原里　1992（平成4）年9月11日　撮影：森嶋孝司（RGG）

南海の空港特急「ラピート」は、関西国際空港の開港と同時に1994（平成6）年9月4日から運転を開始する。難波〜関西空港間の距離は42.8kmで、国鉄（現・JR）の京都〜大阪間と同一である。国鉄なら快速、南海では急行の守備範囲だが、専用の特急車が登場するのも時代の要請といったものだろう。50000系6連を海側から撮影した写真である。
◎鶴原〜井原里　1995（平成7）年9月15日　撮影：寺本光照

従来の鉄道車両の概念を大きく変えた強烈なデザインの空港特急「ラピート」が関西空港を目指す。運転開始当初は難波〜関西空港間を無停車の29分で結ぶ「ラピートα」と、途中新今宮・堺・岸和田・泉佐野に停車する所要35分の「ラピートβ」が、日中それぞれ1時間間隔で設定されていた。β列車には沿線利用客を大切にする南海電鉄の気配りが感じられた。
◎鶴原〜井原里　1995（平成7）年9月15日　撮影：寺本光照

南海本線（一部和歌山港直通）特急「サザン」の指定席車として運用される10000系は、トイレやサービスコーナーが付いた中間車の登場により、それまでの2両10本から4両7本に改組され、1992（平成4）年7月改正からはオール座席指定を含む全列車が8両での運転になる。写真のクハ10906を先頭とする編成の中間車は先頭車の改造であるため、窓の形態が揃っている。
◎鶴原〜井原里　1995（平成7）年9月15日　撮影：寺本光照

南海本線の泉佐野以北は高架化などで、鉄道ファンにとって好撮影地が少ないが、そうした中にあって周りが開けた井原里駅周辺は「ラピート」登場以来、列車全体が撮れることで注目を浴びた。写真は1000系6連による難波発和歌山行き急行。1000系は南海標準の20m級通勤車（一般車）だが、車端部には固定クロスシートが配置されており、他の形式にも普及させてほしい設備でもある。◎鶴原〜井原里　1995（平成7）年9月15日　撮影：寺本光照

関西国際空港旅客ターミナルビル地下の関西空港駅で発車を待つ難波行き特急「ラピート」。空港線のうちりんくうタウン～
関西空港間はJR西日本との共同区間であるため、関西空港駅は島式2面4線のホームのうち、1・2番線を使用する。特急「ラ
ピート」は50000系6両編成のうち、写真の難波方先頭の⑥号車（クハ50501形）と次位の⑤号車（モハ50001形）はJRではグ
リーン車に相当するスーパーシート車である。◎関西空港　1994（平成6）年10月6日　撮影：松本正敏（RGG）

南海は関西私鉄大手5社の中では唯一狭軌をメインとする会社であることや、歴史的な経緯もあり客車や気動車での国鉄紀勢本線乗入れを行なっていた。写真撮影当時、気動車での定期列車は3往復で、南海が自社製造したキハ5501形（片運転台）＋キハ5551形（両運転台）の編成が使用されていた。写真は白浜発難波行き「きのくに2号」で、南海線内では有料特急扱いだった。◎鳥取ノ荘〜箱作　1969（昭和44）年10月12日　撮影：寺本光照

広い海をバックに、まだ新車の域から抜けない7000系6連の急行が和歌山市を目指す。この日は行楽シーズンの日曜日。南海電車の歌「海は青いよ白い波　キリンライオンお友達　みさき公園みんなを乗せて　走る電車は緑の電車　なーんなーん南海電車　南の海を走ってく♪♪」の歌詞通り、みさき公園に出かける家族連れで車内はさぞ賑やかなことだろう。◎鳥取ノ荘〜箱作　1969（昭和44）年10月12日　撮影：寺本光照

左の写真に近い場所を7000系・モハ7037を先頭とする6連の難波行き急行が行く。7000系では後期の1967（昭和42）年に登場した7037を含む編成も、登場後20年以上が経過し、クーラーの取付けやパンタグラフの交換のほか、正面助士席窓上の行き先表示器の取付けなど、形態は大きく変化している。列車後方には箱作駅近くの山中から採取した土砂を関西空港島埋立てに使用するため、土取場から沖合桟橋に待機する土運船に送るベルトコンベアが設置されている。
◎鳥取ノ荘〜箱作　1993（平成5）年2月13日　撮影：寺本光照

こちらは左の写真と同一地点を行く新製時塗装のクハ9504を先頭とするみさき公園行き普通。9000系は4両または6両の固定編成を組んでいるため、4連口はもっぱら普通列車に運用されていた。沖合には建設中の泉佐野市と空港島を結ぶ連絡橋が姿を見せている。◎鳥取ノ荘〜箱作　1993（平成5）年2月13日　撮影：寺本光照

27ページと上の写真と同じ日に撮影された難波行き特急「サザン」だが、こちらはオール10000系からなる全車座席指定列車。先頭のモハ10007は新標準色に塗り替えられているが、一般車とは異なりベース色はシルバーメタリックとされ、ブルーとオレンジの帯も太めに塗られている。10000系の新造中間車は1992（平成4）年3月に新塗装で落成したが、相方となる先頭車は塗装変更に時間を要することで、4月から6月までは新造中間車を4両連結した変則的な6連の姿が見られた。
◎淡輪〜箱作　1992（平成4）年4月13日　撮影：森嶋孝司（RGG）

更新修繕で正面下部にスカート、貫通路にステンレス製の車両番号が取付けられ、凛々しくなったモハ7109を最後尾とする和歌山行き普通列車。南海本線の泉佐野以南では日中は特急「サザン」が8連、急行が6連、普通は4連が標準だった。線路をまたぐ巨大な土運用ベルトコンベアが関西空港の建設規模を物語る。
◎鳥取ノ荘〜箱作　1993（平成5）年2月13日　撮影：寺本光照

クハ1501を最後尾とする1000系6連の多奈川発難波行き急行「淡路号」。深日港と淡路島の中心都市洲本を結ぶ汽船に連絡する列車は、戦後の1948（昭和23）年から運転を開始するが、利用客の減少もあって写真撮影直後の1993（平成5）年4月18日に廃止されてしまった。なお、1000系のうち写真の編成は車体幅が狭い2744㎜のグループである。
◎鳥取ノ荘〜箱作　1993（平成5）年2月13日　撮影：寺本光照

クハ10907を先頭とする難波発和歌山港行き特急「サザン5号」。当時「サザン」は平日ダイヤで下り17本・上り15本の設定で、うち9往復が和歌山港に直通し、和歌山～小松島間の南海フェリーに接続していた。10000系のうち2・3両目は4連化に際し1992（平成4）年3月に新製されたため、大型の連続窓が採用されている。5両目からの自由席車は7100系である。
◎鳥取ノ荘～箱作　1993（平成5）年2月13日　撮影：寺本光照

クハ7904を最後尾とする7000系6連の和歌山市発難波行き急行。南海線用車両の塗装変更は1992（平成4）年3月から開始され、関西空港開港の1994（平成6）年9月までには対象外の1521系を除き完了するが、撮影当時は進行期であったため、4連口と2連口が存在する7000系や7100系では写真のような混色編成も見られた。
◎鳥取ノ荘～箱作　1993（平成5）年2月13日　撮影：寺本光照

1968（昭和43）年10月に落成した7000系最終増備車のモハ7056を先頭とする難波発みさき公園行き普通。撮影区間では普通列車は日中１時間あたり４本が設定されていたが、うち２本はみさき公園止まりだった。難波から南下するにつれ、列車本数が減るのは南海本線・高野線とも共通している。◎尾崎〜鳥取ノ荘　1985（昭和60）年11月３日　撮影：森嶋孝司（RGG）

南海電車のイメージにぴったりの南の海に沿って走る7100系６連の難波発和歌山市行き急行。南海では関西国際空港の開港を２年後に控えた1992（平成４）年に、空港特急と観光特急「こうや」用30000系を除く車両は新塗装への変更が実施されるが、「南海電車の歌」をテレビなどで聴いて育った筆者としては、7100系のような鋼製電車は緑の濃淡の方が好きである。
◎鳥取ノ荘〜箱作　1993（平成５）年２月13日　撮影：寺本光照

7100系のモハ7161を先頭とする難波行き特急「サザン」。当時日中の「サザン」は難波側から4両の自由席ロングシート車と、2両または4両のリクライニングシート車10000系との併結で運転されていた。この写真をパッと見ただけでは、普通列車と変わらない。すでに10000系の中間車も落成しており、「サザン」編成が写真のような塗装で走行するのはあとわずか。
◎淡輪〜箱作　1992（平成4）年4月13日　撮影：森嶋孝司（RGG）

冷房化され、さらに新塗装となったモハ7045以下4連の難波行き普通。写真の編成は1989（平成元）年に冷房が取り付けられるが、その際4連口の制御器は8M1C化されたため、先頭車は難波方の奇数車（7045）は交叉形のパンタ2台取付け、逆に和歌山方の偶数車（7046）のパンタは撤去されている。◎淡輪〜箱作　1992（平成4）年4月13日　撮影：森嶋孝司（RGG）

南海本線にデビューしたばかりの10000系＋自由席車7100系6連の特急「サザン」。和泉山脈は西端部がそのまま海に突っ込む形態のため、海岸近くを走ってきた南海本線もみさき公園からは最急20‰の勾配が続き、府県境を孝子トンネルで越える。10000系のうち写真のクハ10903と次位のモハ10003は、1992（平成4）年4月の4連化に際し中間車に改造されたため、端正な正面マスクは失われた。◎みさき公園〜孝子　1985（昭和60）年11月4日　撮影：森嶋孝司（RGG）

1ページの写真と同じ場所で撮影された7000系冷房車6連による難波発和歌山市行き急行。特急「サザン」が登場した1985(昭和60)年11月1日改正では、「サザン」は日中1時間ヘッドというものの設定のない時間帯もあり、南海本線直通列車の主力は30分ヘッドの急行だった。だが、ヒゲ新1000系はラッシュ時のみの運行となり、料金なしでクロスシートに座れる機会はほぼ失われた。◎みさき公園〜孝子　1985(昭和60)年11月4日　撮影：森嶋孝司(RGG)

南海本線で最長の第一孝子トンネル(下り線694m)を抜け、和歌山県に入るとわずかの間だが、山間風景が展開する。写真は7100系2連口×2の和歌山市行き普通列車。この付近は現在では宅地開発が進み、2012(平成24)年4月には和歌山大学前駅が開業するなど、風景が一変している。◎孝子〜紀ノ川　1985(昭和60)年11月4日　撮影：森嶋孝司(RGG)

11001系改造の1000系は昇圧改造に際し、機器が新製品に取り替えられたため、部内外で「ヒゲの新車」を捩って「ヒゲ新」の愛称で親しまれ、南海線唯一のクロスシート車として特急や急行に活躍していた。しかし、その「ヒゲ新」も10000系「サザン」への置換えが2ヶ月半後に迫る。旧盆の全車座席指定特急「臨時四国号」として使用されるのもこの夏が最後である。
◎和歌山市　1985（昭和60）年8月13日　撮影：寺本光照

上の写真と同じ和歌山市駅4番線で発車を待つ10000系＋7100系8連の特急「サザン」。当初2両だった指定席車は好評で、日中も4両で運転される機会が多くなった。だが、10000系は1000系の思想を受け継いでいるため、リクライニングシート車ながらトイレや車内販売の設備がなく、同年には輸送力増強とソフト面での問題を解決すべく中間車が登場する。
◎和歌山市　1992（平成4）年1月5日　撮影：寺本光照

南海本線の終点和歌山市駅には和歌山検車区が隣接しており、現在でもホームから車両群を眺めることができる。写真は待機中のED5121形トップナンバー。当時、南海では貨物列車牽引用に凸型の電気機関車が23両在籍しており、中でもED5121形は10両と両数が多く、小柄ながら癖のないまとまったスタイルをしていた。
◎和歌山検車区　1971（昭和46）年9月29日　撮影：寺本光照

南海では2001系をはじめとする旧形車は、昇圧対策が困難なこともあって1970（昭和45）年以後急速に姿を消したが、18m車で出力の大きいモハ1551形は昇圧の前後まで在籍していた。写真は新宮からやって来る国鉄直通客車サハ4801を4連で難波まで牽引するため待機中の姿。難波へは普通列車の行き先表示板を「特急・南紀直通」に差し替えて走る。
◎和歌山検車区　1971（昭和46）年9月29日　撮影：寺本光照

2章
カラーフィルムで記録された 高野線

汐見橋〜極楽橋間の高野線は延長距離こそ南海本線と変わらないものの、地形的には汐見橋／難波〜三日市町間の平坦区間、三日市町〜橋本間の準山岳区間、橋本〜極楽橋間の山岳区間に大別される。そうした事情や沿線人口との関係で、車両の近代化は南海本線に比べ後れを取っていたが、平坦線用の高性能通勤車は、本線に先がけオールステンレスカーの6000系が1962（昭和37）年に登場。1970（昭和45）年からは増備形式ともいえる下降式窓を持つ写真の6100系がそれに続く。6100系は1971（昭和46）年度からは冷房車で落成するが、写真の編成は1970年度の製造で、撮影時点ではまだ冷房が取り付けられていなかった。◎我孫子前〜浅香山　1973（昭和48）年10月　撮影：白井朝子（RGG）

高野線の平坦区間でありながら長らく単線のまま残されていた河内長野〜三日市町間は1974（昭和49）年３月に複線化される。写真は同区間を行く泉北高速鉄道100系６両編成の難波発三日市町行き区間急行。泉北高速の電車は1971（昭和46）年の開業時から南海と相互直通を実施しており、1989（平成元）年９月までは、高野線の三日市町まで乗り入れていた。
◎河内長野〜三日市町　1975（昭和50）年６月18日　撮影：荒川好夫（RGG）

列車名を持つ座席指定特急は「こうや号」だけだった高野線だが、御幸辻〜橋本間の複線化工事による線路改良で、橋本までの20m車の入線が可能となったため、1992（平成4）年11月1日改正から難波〜橋本間に特急「りんかん」が8往復設定される。「りんかん」の主力は同改正を期して運転を開始した写真の20m車11000系で、ビジネス特急としての位置付けのため、南海線10000系「サザン」とは塗装はもちろん、車内設備もほぼ同一である。
◎狭山〜狭山遊園前（現・大阪狭山市）　1993（平成5）年4月7日　撮影：寺本光照

橋本までの複線化が進む高野線だが、極楽橋行きの急行は橋本以南の線形との関係で、相変わらず17m車のズームカーの21000系が活躍。写真の列車は後部に22000系を併結した6連だが、当時、林間田園都市以南は最大4両編成のため、増結の2両は途中の三日市町で切り離される。◎狭山〜狭山遊園前（現・大阪狭山市）　1993（平成5）年4月7日　撮影：寺本光照

南海電車の塗装変更が行なわれる中で、観光特急として位置づけられる「こうや号」用30000系は、赤とアイボリーのままで存続する。そのため存在がひと際立つが、1992（平成4）年11月改正からは「りんかん」としても運転されるため、列車名は"号"を外し「こうや」に改称される。写真は極楽橋発難波行きの「こうや6号」。
◎狭山〜狭山遊園前（現・大阪狭山市）　1993（平成5）年4月7日　撮影：寺本光照

高野線の各停に運用中のモハ6023を最後尾とする6000系6両編成。こちらは冷房化など時代の趨勢に対応した改造が施行されているが、登場時の無塗装のままである。車両の更新修繕時の際に取り付けられた車両番号の緑のプレートが絶妙のアクセントになっている。◎狭山〜狭山遊園前（現・大阪狭山市）　1993（平成5）年4月7日　撮影：寺本光照

モハ22007を先頭とする22000系6連の極楽橋発難波行き急行。22000系はズームカー 21000系のモデルチェンジ車として1969（昭和44）年から1972（昭和47）年にかけて登場。2両固定で正面貫通の両開き2扉車であるため、ファンの間から"通勤ズーム"と呼ばれる。車両の特性から使い勝手がよく、4連で高野山（極楽橋）直通急行のほか、増結用にも使用された。モハ22007は初期車のため落成時は非冷房だった。
◎狭山遊園前（現・大阪狭山市）～狭山　1991（平成3）年1月25日　撮影：森嶋孝司（RGG）

河内長野駅で各停難波行きとして折り返す6000系6両の各停列車。ステンレス車体にもブルーとオレンジのラインが加えられたが、地肌が生かされているので塗り変えに際しても鋼製電車ほどの違和感はない。河内長野駅は1976（昭和51）年に橋上駅舎となり、1989（平成元）年には大型商業施設が隣接されるなど、活気を呈している。左側には近鉄長野線ホームが垣間見える。◎河内長野　1992（平成4）年9月10日　撮影：森嶋孝司（RGG）

高野線平坦区間の桜の名所を行くクハ6902を先頭とする難波発河内長野行き各停。高野線初の20m4扉通勤車である6000系は1962（昭和37）年から製造されているが、当初はMc＋T＋Mcの3両編成だったため、このクハ6901形・6902は1966（昭和41）年に登場している。6000系はステンレスカーだが、モハ1521形同様に丸みをもった正面マスクであるため、ステンレスカー特有の"冷たさ"を感じさせない。元来無塗装のため、1992（平成4）年以後の塗装変更ではブルーとオレンジの帯が入れられただけで、ステンレス地肌はそのまま生かされている。なお、撮影地である狭山遊園に因む駅名は、遊園地が2000（平成12）年4月に閉園したため、同年12月23日から市名の大阪狭山市に改称されている。
◎狭山〜狭山遊園前（現・大阪狭山市）　1993（平成5）年4月7日　撮影：寺本光照

ローカル私鉄や軽便鉄道を思わせるような急カーブが連続する山村風景の中を行く21000系４連の急行。撮影当時三日市町以南の高野線は不定期特急「こうや号」を別にすれば、日中は概ね急行が30分間隔で運転されていた。しかし、河内長野〜極楽橋間では各駅に停車するため、実質的には普通列車だけの区間といえた。
◎加賀田(信)〜千早口　1981(昭和56)年４月26日　撮影：寺本光照

特急「こうや号」を除いては、薄緑地に緑のラインの南海急行色の車両ばかりが走る三日市町以南の高野線だが、私鉄の幹線とは思えないような原風景は撮影意欲を少しも低下させない。高野線三日市町〜橋本間の複線化に際しては、線形改良も並行実施するためトンネルの掘削廃止などで、新線に移った区間も多いが、撮影地点は在来線に肉付けの形で複線化されている。
◎三日市町〜加賀田(信)　1981(昭和56)年４月26日　撮影：寺本光照

高野線での準山岳区間である三日市町〜橋本間の単線時代は、府県境の紀見峠トンネル区間を除き、山の谷間を縫うように線路が敷かれていたため、26‰の勾配と曲線半径160mのカーブの連続だった。そのため、列車の最高速度も幹線とは思えない43km/hに抑えられていた。撮影当時、この区間を走る電車は写真の21000系と不定期特急の20000系「こうや号」、それに22000系のズームカートリオだけに限られていた。◎加賀田(信)〜千早口　1981(昭和56)年4月26日　撮影：寺本光照

高野線の三日市町以南は山峡を走ることで台風襲来時などは土砂崩れなどの災害に悩まされたが、加賀田(信)〜千早口間には、写真のように線路が天見川に沿うように敷設された箇所があり、1982(昭和57)年8月の豪雨では水が溢れ、路盤が流失する被害に見舞われた。幸い職員の機転で大事故は未然に防がれたが、鉄道ファンからは"絶景"といわれる撮影スポットは、つねに災害の被害と隣り合わせである。写真は同地点を行く22000系4連の急行。
◎加賀田(信)〜千早口　1981(昭和56)年4月26日　撮影：寺本光照

列車交換設備のある加賀田信号所付近を行く21000系4連の急行。南海線の1000（旧11001）系同様、急行色の21000系は完全に風景に溶けこんでいる。1958（昭和33）年から64年にかけて4両8本が登場した写真の21000系は、電動車だけの編成であるため、製造当初は各車両の難波方にパンタグラフが付いていたが、1973（昭和48）年10月の昇圧を前に8M1C化され、パンタグラフは奇数車（先頭車は難波方）に2基搭載になるとともに、冷房も取り付けられた。
◎三日市町〜加賀田（信）1981（昭和56）年4月26日　撮影：寺本光照

高野線のクイーン20000系「こうや号」は1961（昭和36）年7月から運転を開始。「特急」の地位が国鉄・私鉄ともに現代とは比べものにならないほど高い当時であっても、リクライニングシートと冷房完備の設備は、国鉄特急では1等車（現・グリーン車）としても通用するほどの豪華さだった。赤とクリームの外部色も"緑の電車"ばかりの南海では特別の存在だが、4両1編成のため、通年運転ができないのが何とも残念。写真は冬季運休も明けて稼働を再開した「こうや号」で、走行中の区間は新線に切り替えられ、国道371号から眺めることはできない。◎千早口〜天見　1981（昭和56）年3月28日　撮影：寺本光照

高野線特急は長らく20000系「こうや号」の一枚看板で運転されてきたが、車両の老朽化が進んだほか、1984（昭和59）年4月から5月にかけて高野山で弘法大師御入定1150年大法会が開催されることで、1983（昭和58）年夏のシーズンに合わせ、30000系4連2本が新製投入される。これにより、「こうや号」の通年運転が可能になるほか、運用間合いを利用して難波〜橋本間に通勤対応特急（後の「りんかん」）も設定される。写真は複線化後も鄙びた風景が残る千早口付近を行く30000系特急「こうや」。◎美加の台〜千早口　1994（平成6）年1月25日　撮影：森嶋孝司（RGG）

1984（昭和59）年3月に複線化された三日市町〜千早口間を行く6100系6連の林間田園都市行き区間急行。三日市町以南の複線化では各駅の位置が変更されなかったため、千早口駅に近い撮影地点での風景は、単線時代の41ページ上の写真とさほど変わらないが、写真後方に美加の台トンネルが建設され、電車も20m車の入線が可能になったので、輸送力は飛躍的に向上した。◎美加の台〜千早口　1992（平成4）年11月22日　撮影：寺本光照

三日市町〜千早口間の途中には列車交換設備として加賀田信号所が設置されていた。同区間の複線化と並行して信号所付近には美加の台などの住宅地が造成され、複線化完成半年後の1984（昭和59）年9月1日に加賀田信号所跡地に美加の台駅が開業する。写真は同駅を通過する11000系4連の特急「りんかん」で、この直後に複線化に際し建設された延長1038mの美加の台トンネルに進入する。◎美加の台　1994（平成6）年1月25日　撮影：森嶋孝司（RGG）

高野線の府県境を越える天見〜紀見峠間では下り専用の新紀見トンネルのほか、第1〜第3出合トンネルが掘削された関係で、両駅間は大部分がトンネル区間になる。写真は第3出合トンネルを抜け、橋本を目指す極楽橋行き特急「こうや3号」。こうした複線型のトンネルの開通は、南海の歴史では意外にも初めてだった。
◎天見〜紀見峠　1992（平成4）年12月12日　撮影：寺本光照

上の写真の「こうや3号」と同じ場所での撮影だが、こちらは11月10日から運転を開始した橋本行き「りんかん1号」を追い撮りした写真。列車のすぐ先には新紀見峠トンネル見えるが、在来の紀見トンネルも改修のうえ上り線用に使用されたため、単線構造のトンネルになっている。したがって天見〜紀見峠間では両駅付近を除き撮影が可能なのは第3出合と紀見（新紀見）の両トンネル間だけである。◎天見〜紀見峠　1992（平成4）年12月12日　撮影：寺本光照

6000系にはじまる高野線の20m級通勤車は、三日市町～御幸辻間の複線化完成に伴う1984（昭和59）年3月11日改正では林間田園都市まで、その後1992（平成4）年11月10日から橋本への直通が開始される。高野線の和歌山県内では唯一の都市である橋本市の中心部から、大阪への通勤・通勤輸送も大きく改善された。写真は6000系6連の区間急行だが、元来平坦線用である6000系を最急勾配が33‰に引き上げられた高野線新複線区間で使用するため、抑速制動装備の工事が実施された。
◎天見～紀見峠　1992（平成4）年12月12日　撮影：寺本光照

単線時代は線形との関係で極楽橋へ直通する17m車しか入線できなかった高野線準山岳区間だが、線路改良により、橋本までは唯一の電機子チョッパー車である8000系（当時、現在は6200系に編入）以外の20m車の入線が可能になり、車両のバリエーションは豊富になる。写真の8200系も運用に加わるが、この形式は高野線の複線化工事開始後の1982（昭和57）年から登場していることもあり、当初から勾配対策がなされていた。◎天見～紀見峠　1992（平成4）年11月22日　撮影：寺本光照

高野線直通車ズームカーのモデルチェンジ車として、1990年5月から17m車として初のステンレス車体を持ち、南海では初の
VVVFインバータ制御車である2000系が登場する。通勤時の混雑緩和と、経年から老朽化が目立ってきた21000系の置換え
が目的だった。2000系の入線当時、高野線のステンレス車は無塗装だったが、2000系は窓下にズームカーを示す黄緑と緑の
ラインを巻き、高野線に新風を吹き込んだ。しかし、一般形車は塗装変更の時期が迫っていたので、この塗装で走った期間はわ
ずかだった。◎天見～紀見峠　1992（平成4）年11月22日　撮影：寺本光照

高野線三日市町以南ではいち早く、1979（昭和54）年に複線化が完成した天見～紀見峠を行く30000系特急「こうや5号」極
楽橋行き。複線区間では最高速度が従前の2倍以上の100km/hに向上したため、1970年当時、20000系「こうや号」の最速
列車が54分かけて結んでいた難波～橋本間は41分にまでスピードアップされた。複線の上下線が離れつつあるのは、この区
間では複線化に際し、単線の紀見トンネルを生かしたままで、新紀見トンネルが掘削されたからである。この構造は当時の国
鉄線ではよく見られたが、私鉄では珍しい。◎天見～紀見峠　1992（平成4）年11月22日　撮影：寺本光照

高野線の準山岳区間のうち南端にあたる御幸辻〜橋本間は、地元との折衝に時間がかかったこともあって複線化完成は、他の区間よりも10年以上も遅れ、1995（平成7）年9月になる。写真は国道371号から撮影した30000系「こうや号」だが、この時点では未着工のため最高速度は43km/hのまま据え置かれていた。
◎御幸辻〜橋本　1984（昭和59）年4月5日　撮影：寺本光照

南海高野線と国鉄（現・JR）和歌山線が交差する橋本駅は、和歌山県伊都地域の中心都市橋本市の玄関駅で、特急「こうや号」も1955（昭和30）年から停車するほか、検車区も置かれるなど運輸上の重要拠点だった。ホームは1面2線だけだが、国鉄ホーム側からは南海電車の形式写真が撮れるので、鉄道ファンの間から人気があった。写真は検車区の見学後に同所撮影した21000系。昇圧が3ヶ月後に迫っているが、順番待ちのせいか対応工事は未施工だった。
◎橋本　1973（昭和48）年7月21日　撮影：寺本光照

高野線特急用車両は懸案の橋本までの複線化が開通した1995（平成7）年9月時点でも、30000系4両2本と11000系4両1本だけの在籍だったので、朝の「りんかん」の利用客増に対応が困難になったほか、車両が更新修繕期にさしかかった30000系の長期にわたる工場入場時には、「こうや」の一部運休が避けられない状況になる。そこで30000系の増備車として1999（平成11）年3月に登場したのが31000系である。直通用車だが、「りんかん」での使用時に10000系との併結を考慮し、正面は貫通型となる。写真は複線化工事中の1996（平成8）年11月に開設された小原田検車区での報道公開時に撮影されたもの。
◎小原田検車区　1999（平成11）年2月9日　撮影：焼田 健（RGG）

高野線のうち橋本〜極楽橋間は山岳線とされているが、途中の高野下までの9.6kmは高低差が16mの"平坦区間"で、列車の最高速度も80km/hが許容されている。写真は和泉山脈をバックに走る21000系4連の極楽橋行き急行で、このモハ21008を先頭とする編成は1962（昭和37）年にクロスシート車として登場しているが、後にロングシートに改造されている。塗装も新標準色化されているが、旧塗装の緑のラインの処理が秀逸だっただけに、筆者としては馴染めなかった。21000系は1993（平成5）年から廃車が開始された。◎橋本〜紀伊清水　1994（平成6）年1月25日　撮影：森嶋孝司（RGG）

22000系4連の極楽橋発難波行き急行。撮影当時の橋本〜極楽橋間は「大運転」と呼ばれる難波からの直通列車が主体で日中もほぼ30分間隔で運転されていた。当時、「大運転」列車のうち朝通勤時間帯には三日市町以北を8両（1995年9月からは10両）で走る列車もあったが、橋本以南は「こうや号」を含め、17m車だけで、それも4両以内での入線である。
◎紀伊清水〜橋本　1983（昭和58）年10月23日　撮影：森嶋孝司（RGG）

1983年6月に30000系が登場したことで、定期「こうや号」の任を解かれた20000系だが、その後は臨時特急用として残り、特に1984(昭和59)年4月1日から5月31日までの弘法大師御入定1150年大法会特別輸送には、毎日1往復が運転された。20000系「臨時こうや号」極楽橋行きの行く手(写真左上側)に見えるレトロな建物は学文路変電所である。
◎紀伊清水～学文路　1984(昭和59)年4月15日　撮影：寺本光照

学文路(かむろ)駅は難読駅としてのほか、学問に縁起の良い駅名とされ、受験シーズンにはお守り代わりの入場券が発売される。1969(昭和44)年までは同駅近くの紀ノ川で採取される砂利の輸送に、貨物列車が運転されていた関係で広い構内を有している。上りホームに停車中の22000系4連の行き先表示幕は「回送」となっているが、撮影当日は大法会特別輸送期間中で、団体専用列車が運転されていたので、その関係のものと思われる。◎学文路　1984(昭和59)年4月15日　撮影：寺本光照

高野線の橋本〜九度山間は紀ノ川を挟んで右岸（北側）を行く国鉄（現・JR）和歌山線と並走するように走る。高野線は山裾に
線路が敷かれているため、山道を少し登れば展望が開け、場所によっては対岸の和歌山線を行く電車の姿も見える。紀伊清水
駅周辺は田畑や果樹園が多く、「体育の日」の頃は稲刈り作業に忙しい。そうした中、21000系4連の難波行き急行は風景に
アクセントを添えている。◎紀伊清水〜学文路　1985（昭和60）年10月10日　撮影：森嶋孝司（RGG）

高野線が国道370号沿いに走る学文路〜九度山間には、築堤が桜並木になっている区間があり、シーズンには鉄道ファンでなくても撮影に訪れるファンが多かった。1952（昭和27）年のクハ1900とモハ1251から始まり、20000系、そして30000系と代替わりをすれど、「こうや号」は南海高野線のランドマーク的列車である。
◎学文路〜九度山　1984（昭和59）年4月15日　撮影：寺本光照

橋本〜極楽橋間で運転されている一般形ズームカーは1997（平成9）年に21000系が全廃。22000系も2200系や2270系への改造などで、写真撮影時に在籍する車両は4両だけになっていた。したがって1990（平成2）年から97年にかけて登場した2000系が山岳区間では一般形車の地位を独占していた。写真のモハ2037は次位のモハ2187とペアを組む2連口車で、1995（平成7）年に落成。車端部に固定クロスシートが設置されている。
◎学文路〜九度山　1998（平成10）年4月6日　撮影：寺本光照

高野線の山岳区間は標高108mの高野下から始まる。10.3km先の終点極楽橋の標高が535mなので、単純計算でも1km進むごとに約41m登るという、登山鉄道である。この区間は最高許容速度は45km/hであるものの、50‰の急勾配と半径100mの急カーブが連続するため、実際にはせいぜい30km/hでの運転が精一杯である。写真は極楽橋から約25分かけて高野下まで降りてきた21000系4連の急行。終点難波までも、まだ1時間以上の旅である。
◎高野下　1980（昭和55）年3月　撮影：大道政之（RGG）

高野下を発車した下り急行（実質は各停）は、約15分かけて6.3km先の小駅・紀伊細川に到着する。山中の険しい地形に建設されたため、ホームは4両の全長が70mの21000系でさえカメラに収めにくいほどの急カーブで、しかも勾配上にある。集落は駅から離れており、1日の利用客もわずかだが、保安のため駅員が配置されている。紀伊細川駅の標高は363m。2つ先の終点極楽橋までは、まだ172mも登らなければならない。◎紀伊細川　1985（昭和60）年8月27日　撮影：寺本光照

大阪市内の難波から約1時間20分余りかけて20000系の特急「臨時こうや号」は、高野線最後の四寸岩トンネルを抜け、終点極楽橋駅構内に進入する。駅周辺には人家が見当たらず、地形的に線路は先へ進めないため、高野山へのケーブルカーへの乗換えのために機能している駅でもある。電車左側の2つの線路は臨時や団体専用列車などの留置用。夏の避暑客や高野山金剛峰寺での大法会などでの列車増発時に使用された。◎極楽橋　1984（昭和59）年8月23日　撮影：寺本光照

極楽橋駅は3面4線のホームを有し、その規模だけでは大手私鉄の都市側ターミナルに引けを取らない。撮影日は夏の繁忙期のせいか、電車は各ホームを埋め尽くしている。左側の1番線から21000系急行、22000系急行、20000系臨時特急、30000系特急と、写真撮影当時の高野線山岳区間のオールキャストである。20000系は9月16日のさよなら運転を最後に引退する。◎極楽橋　1984（昭和59）年8月23日　撮影：寺本光照

3章
カラーフィルムで記録された
南海の支線区・軌道線、泉北高速鉄道線

南海電鉄の支線はすべて営業距離が10km未満で、その大部分が盲腸線形態といえる。その中で唯一特急が直通する和歌山港線は、久保町以南の線路が和歌山県の所有で、列車の運転を南海電鉄に委託している。この和歌山港線は1971（昭和46）年3月の新和歌山港開業に伴い、和歌山港駅を現在地に移設。同時に木材輸送を目的に和歌山港〜水軒間が開業する。しかし、同区間では貨物列車は運転されず、線路維持を目的に電車2往復が運転される。こうした状況が30年以上続くが、2002（平成14）年5月26日付けで廃止されてしまった。写真は水軒駅で折り返しの時刻を待つ1521系2連で、筆者が乗車した際の利用客は和歌山市〜水軒間を往復する数人の鉄道ファンだけだった。◎水軒　1985（昭和60）年8月13日　撮影：寺本光照

高野線の起点である汐見橋からの列車は、写真撮影当時汐見橋〜岸ノ里間での小運転で、岸ノ里駅では高架線上の専用ホームから発着していた。写真は汐見橋からやってきた6000系2両の普通列車が折返し運転のため、駅構内の渡り線を通り、右側通行で終点岸ノ里駅ホームに到着するシーン。写真右手には地上部分を行く南海本線の架線が見える。汐見橋〜岸ノ里間は列車の運転形態から、"汐見橋線"と通称されていたが、わずか6.6kmの区間であっても6000系が使用されるあたりに、高野線としての存在を感じさせた。◎岸ノ里（現・岸里玉出）　1973（昭和48）年10月　撮影：荒川好夫（RGG）

天下茶屋〜天王寺間2.4kmを結んだ天王寺線は南海の支線としては唯一複線で、天王寺と南海線を結ぶ短絡線として旅客・貨物輸送に重要な使命を有していた。列車は線内運転で2両ながら頻発運転がなされ、数多くの車種が入線したが、撮影当時は7000系か写真の1521系による運転だった。天王寺駅は番線が20まであり、天王寺線は島式1面の19・20番線を使用していた。写真右側に国鉄（現・JR）関西本線下り列車（湊町（現・JR難波）行き）が発着する18番線のホームが見える。
◎天王寺
1973（昭和48）年10月
撮影：荒川好夫（RGG）

みさき公園〜多奈川間の多奈川線は、2.6kmの全線が大阪府岬町を走る盲腸線だが、写真撮影当時は途中の深日港から、徳島や淡路島の洲本を結ぶフェリーが発着していたため、難波からの直通急行も運転されるなど活気があった。しかし、列車の主力は線内運転の普通で、編成も2両であるため、みさき公園では島式2面ホームのうち、上りホーム3番線の和歌山側を切れ欠きした4番線を使用していた。当時は支線区用となっていたモハ1521形+クハ3901形が任に就いていた。
◎みさき公園
1985（昭和60）年11月4日
撮影：森嶋孝司（RGG）

現在大阪府内で唯一の路面電車である阪堺電気軌道は、1980（昭和55）年11月末までは南海電鉄の大阪軌道線であり、阪堺（恵美須町〜浜寺駅前）、上町（天王寺駅前〜住吉公園）、平野（今池〜平野）の３線、計24.6kmに及ぶ路線を有していた。写真のモ301形302は、モ161と同形態のモ151形158を1949年の戦災復旧に際し、新製車扱いのモ301形とした13m車である。上町線北畠停留場には電柱に小さく駅名札が付けられている。◎北畠　1979（昭和54）年９月５日　撮影：荒川好夫（RGG）

上町線と大阪府道30号（あべの筋）の併用軌道上を行くモ351形355。大阪軌道線では初の高性能車であるモ501形が1957（昭和32）年に登場し、大阪市電に3001形に似た中央窓の大きい正面３枚窓のスマートな車体と乗り心地が好評を博すが、1957（昭和32）年から翌年にかけて製造されたモ351形は車体こそモ501形と同じだが、電動機等は旧型車のものを流用している。大阪軌道線用電車の塗装は鉄道線同様に伝統の緑一色だったが、モ501形とモ351形はクリームと緑のツートンカラーで登場した。◎松虫〜阿倍野　1979（昭和54）年９月５日　撮影：荒川好夫（RGG）

南海電鉄では唯一の1435㎜ゲージだった大阪軌道線のターミナル・恵美須町駅の留置線で待機するモ205形220。205形は戦前の1935（昭和10）年から敗戦直後の1947（昭和22）年にかけて、木造車等の足回りを流用して最終番号の250まで46両が製造された中形の11m車だが、1975（昭和50）年から開始されたワンマン化では改造対象から外されていた。撮影当時の恵美須町は阪堺・平野の両線が発着するため、4面3線の櫛形ホームを有していた。構内の通路を歩く女性の左手に阪堺線の線路が見える。
◎恵美須町
1979（昭和54）年9月5日
撮影：荒川好夫（RGG）

古くからの商店が並ぶ平野線の併用軌道上を行くモ161形164。昭和初期の1928（昭和3）年に製造された連結運転が可能な13m級大型車で、モ301形と同形態である。大阪軌道線の電車は合理化対策として、ワンマン化と並行して広告塗装が実施されるが、平野線に関しては大阪地下鉄谷町線の八尾南延伸と同時に廃止が決定していたため、ワンマン化は最後まで実施されず、車両に車掌が乗務しているのが見て取れる。なお、モ161形は元号が令和になった現在も阪堺電軌軌道に在籍しており、冷房無しのレトロ電車として親しまれている。
◎飛田〜阿倍野
1979（昭和54）年9月5日
撮影：荒川好夫（RGG）

泉北高速鉄道は大阪市のベッドタウンで、堺・和泉両市の丘陵地に広がる泉北ニュータウンへの鉄道として、1971（昭和46）年4月に中百舌鳥～泉ヶ丘間が開業。その後1977（昭和52）年の光明池を経て、1995（平成7）年4月には和泉中央間まで延伸される。中百舌鳥では南海高野線に接続するため、開業当初から南海電鉄との相互乗り入れが実施されている。写真は泉ヶ丘駅を発車し、当時の終点である光明池を目指す6100系6連。計画に沿って造られた街であるため、駅周辺の風景は非の打ちどころがないほどにまで整然としている。◎泉ヶ丘～栂・美木多　1980（昭和55）年1月1日　撮影：森嶋孝司（RGG）

泉北高速鉄道は地図上では南海高野線の中百舌鳥から分岐する鉄道だが、大阪府などの出費で設立された大阪府都市開発が建設した第三セクター鉄道である。開業当初の泉北高速鉄道は本社業務を除き、駅務や運転、車両・施設等の保守は南海に業務を委託していたため、傍目には南海の分岐線的形態だったが、1988（昭和63）年の第一種鉄道事業免許取得後は列車運転業務も直営となり、車両面でも独自色を打ち出す。写真は直営化後の泉ヶ丘駅に進入する南海電鉄の6200系8連による区間急行。◎泉ヶ丘～栂・美木多　1991（平成3）年1月25日　撮影：森嶋孝司（RGG）

4章
モノクロフィルムで記録された
600V時代の
南海電車

わが国で最古の歴史を有する南海電鉄は蒸気鉄道として開通したものの、1911（明治44）年には難波～和歌山市間の直流600
V電化が完成。以来1973（昭和48）年10月までの60年余り、この電化方式での運転が続いた。この間、多くの形式の車両が南海・
高野線を駆け抜けるが、鋼製車の代表を選ぶとすれば、1929（昭和4）年から49年にかけて登場した南海線用20mの2001系
になろう。晩年にあたる写真撮影当時は普通での活躍が主だったが、150kWモーターの大きな唸りを響かせ、快走していた。
◎鳥取ノ荘～箱作　1969（昭和44）年10月12日　撮影：寺本光照

難波駅

難波駅を発車する11000系4連の和歌山市行き急行。11001系のうち1956（昭和31）年の新製車からは正面が流線形2枚窓になり、南海としては初の中間電動車モハ11000形を挟んだ固定編成になる。翌1957（昭和32）年からは編成が順次5両に増強されるが、1962年（昭和37）までは写真のように4連で残る編成も見られた。
◎難波　1959（昭和34）年7月15日　撮影：辻阪昭浩

難波駅西端の⑧番線に入線する南海本線11001系急行。当時は最大編成両数が5両だったこともあり、隣接する大阪スタヂアムも間近に見ることができた。当時この球場を本拠地としていた南海ホークス（現・福岡ソフトバンクホークス）、撮影2ヶ月後に開催された日本シリーズで読売ジャイアンツを相手に4戦無敗で制覇を果たした。
◎難波　1959（昭和34）年8月10日　撮影：辻阪昭浩

難波駅が9面8線のホームを持つ巨大ターミナルであることは昔も今も変わらないが、撮影当時は①〜③番線が高野線、④〜⑧番線が南海本線用だった。写真は高野線用で②番線に21000系極楽橋行き準急、③番線にクハ1900を先頭とする1251系「こうや号」と、高野線の新旧スターが並ぶ。①番線には高野線区間運転の準急、④番線には「東線」と呼ばれる住吉公園行電車（写真左側）が見えるが、何れも2〜4両の編成だった。◎難波　1959（昭和34）年8月10日　撮影：辻阪昭浩

難波駅③番線で発車を待つクハ1900を先頭とする4連の極楽橋行き特急「こうや号」。専用色のクリーム色と緑のツートンカラーで、クハ1900は元貴賓車で運転台側はソファを配した展望室。連結面側は2〜4両目のモハ1251形同様の転換クロスシートだった。料金は展望室が200円、それ以外は100円で、南海社線内相互間を起終点とする列車では唯一の座席指定制を敷いていた。1900の正面窓からは運転士と展望室のソファ、それに後部の転換クロスシートが見える。
◎難波　1959（昭和34）年8月10日　撮影：辻阪昭浩

客室とデッキ部分の仕切りに付けられた号車札とキハ5501形5502の車号表示。南海の南紀乗入れ気動車は通常2両編成で、当初は南海1号車、同2号車とされていた。難波行き列車の誤乗防止のため、「南海」の文字が強調されている。
◎難波　1959（昭和34）年8月10日
撮影：辻阪昭浩

キハ5501形の出入口部分に付けられた準急表示のサボと、南海電鉄の所属車であることを示す照明窓。
◎難波　1959（昭和34）年8月10日
撮影：辻阪昭浩

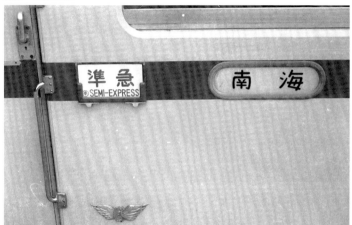

戦前から国鉄（現・JR）紀勢西線（現・紀勢本線）に乗入れ実績を持つ南海電鉄は、紀勢本線全通に伴う1959（昭和34）年7月15日改正を機に自社製造のキハ5501形で、準急「きのくに」として難波～白浜口（現・白浜）間で1往復の運転を開始する。国鉄線内は国鉄気動車に併結のため、キハ5501形国鉄のキハ55形に準じたスタイルで、塗装も黄色地に赤帯の国鉄色だった。写真は住ノ江検車区から難波への回送列車で、すでにヘッドマークを付けている。
◎難波　1959（昭和34）年8月10日
撮影：辻阪昭浩

1959（昭和34）年7月15日改正で登場したキハ5501形準急「きのくに」だが、乗務員の養成がダイヤ改正に間に合わず、8月20日までは南海線内はモハ2001形3両に牽引されて走った。2001形の正面には「特急きのくに」の表示板が付けられているが、これは南紀直通「きのくに」は和歌山市から先は準急でも、南海線内は有料の特急扱いだったからである。
◎難波　1959（昭和34）年8月10日
撮影：辻阪昭浩

運転開始当日の南紀直通列車「きのくに」では、初乗り客によるテープ投げのセレモニーが行われた。青函連絡船などの出航時にはよく見られたが、列車では珍しいシーンである。国鉄特急でも非冷房の特急が運転されていた当時、窓の開く優等列車も常識の時代だった。列車後方の連続した大アーチの屋根は難波駅ホームのシンボル的存在で、1972（昭和47）年の改修時まで見られた。◎難波　1959（昭和34）年7月15日　撮影：辻阪昭浩

モハ2201形3両の牽引で難波駅を発車した「きのくに」の白浜行き一番列車。こうした変則運転は1ヶ月余りで終了したが、期間中モハ2201形は一般の特急扱いなので難波〜和歌山市相互間で特別料金なしで利用できた。なお、国鉄（現・JR）側の「きのくに」は難波に近い天王寺始終着のため、南海持ちの「きのくに」は堺と岸和田に停車し、沿線の利用客の便宜を図っていた。
◎難波　1959（昭和34）年7月15日
撮影：辻阪昭浩

【大阪球場】
通天閣とともに、大阪・ミナミを代表するランドマークだった大阪球場。南海ホークスの本拠地として、読売ジャイアンツとの日本シリーズなど、数々の名勝負が繰り広げられた舞台だった。その奥には高島屋大阪店が入る南海ビルディングが見える。1932（昭和7）年に竣工したこの駅ビルは、南海本線の始発駅・難波駅が入っており、大阪市内から堺・和歌山方面への向かう多くの人々が利用してきた。
◎1959（昭和34）年7月
撮影：朝日新聞社

複々線区間

複々線区間の南海本線下り線を行く和歌山市行き急行。南海本線特急・急行用の11001系には正面貫通式の2連口車と流線形固定編成車の2タイプがあり、これは前者で、1954（昭和29）年に登場した黎明期の高性能電車でもある。写真撮影当時はオール・クロスシートで、座席1つごとに窓が割り当てられた車内は国鉄の並口（急行自由席や準急の2等車＝現グリーン車）の雰囲気を醸し出していた。列車後方に見えるのは今宮戎駅で、周りの建物は一変したが、同駅の佇まいは昭和の昔と令和の現在もさほど変わらない。◎今宮戎　1959（昭和34）年8月10日　撮影：辻阪昭浩

天下茶屋〜岸ノ里

天下茶屋駅停車中のモハ1034＋クハ1853＋モハ1033からなる難波発住吉公園行き。複々線区間では高野線が主に使用する東側の線路を走ることで、東線電車と呼ばれていた。写真のモハ1031形とクハ1851形は何れも木造車の鋼体化車だが、1931（昭和6）年に改造工事を受けた1851形が1251系を3扉化したようなスタイルなのに対し、モハ1031形の改造は費用を切り詰める必要性があった戦時中の1940年に実施されたため、種車の面影を多分に残している。右手奥に見えるのは天王寺線のモハ1501形。◎1959（昭和34）年6月28日　天下茶屋　撮影：藤井信夫

南海版ロクサンと呼ばれたクハ1951形＋モハ1501形の天王寺線列車。敗戦直後の車両不足を改善するため、国鉄形式のモハ63形を運輸省が入線可能な大手私鉄に分配し、南海にはモハ1501形20両が入線。クハ1951形はモハ1501形をTc化した形式である。モハ1501形は1947年から48年にかけての製造だが、物資の乏しい時期だったため、経年以上に傷みが激しく、撮影半年後の1968年10月に全車廃車された。◎天下茶屋　1968（昭和43）年3月17日　撮影：寺本光照

撮影当時の天下茶屋駅は地平にあり、天王寺線が分岐することで4面6線のホームを有していた。④番線に停車するのは、標準形15m車のモハ1251形1268以下4連の堺東発難波行き。普通列車なのに表示板に「各駅停車」の文字が入れられているのは、複々線区間のうち難波〜天下茶屋間にある今宮戎・萩ノ茶屋の両駅は、原則として「東線電車」と呼ばれる南海本線の区間列車だけが停車する駅であったが、それだけでは輸送力が不足するため、同じ線路上を行く高野線普通列車の一部も、文字通り「各駅停車」として運転されていたのである。◎天下茶屋　1968（昭和43）年3月17日　撮影：寺本光照

クハ2851形＋モハ1501形の難波〜住吉公園（現・住吉大社）間普通。運転区間からは南海本線の小運転列車だが、難波〜天下茶屋間では今宮戎・萩ノ茶屋の両駅に停車する関係で、高野線列車と同じ東側の線路を走行することで「東線電車」と通称される。写真のクハ2851形はモハ1201形と同系の18mだが、モハ2001形と編成を組むため、本来なら20m車が名乗る2000番代の形式を持つという変わり種車両である。◎天下茶屋　1968（昭和43）年3月17日　撮影：寺本光照

11001系の正面貫通型車は11001系の２枚窓のオール５連化が完成した1962（昭和37）年以後も４両以上の編成が組めないため、急行運用では時間帯によっては輸送力不足が目立つようになる。そのため４連のまま本線の普通や、写真のように２両で東線や天王寺線運用に就くシーンも見られた。貫通型車の新製当時のオール・クロスシートは、1963（昭和38）年にドア間クロスシートに改造されていたが、都会の中のわずか数km、10分以内の"乗り得な旅"を楽しむことができた。
◎天下茶屋　1968（昭和43）年３月17日　撮影：寺本光照

撮影当時の南海高野線では最新の通勤形車6000系４連による直行列車。「直行」とは名称からは終点極楽橋まで直行する列車を指すはずだが、高野線で1964（昭和39）年から68年まで運転されていた直行は、平坦区間の三日市町が行き先の南限で堺東以南の各駅に停車するため、実質的は準急と変わらない存在だった。当時三国ヶ丘で接続する国鉄（現・JR）阪和線にも直行が存在したが、廃止されたのは奇しくも同じ1968（昭和43）年である。この直行の種別は南海本線では存在しなかった。
◎天下茶屋　1968（昭和43）年３月17日　撮影：寺本光照

萩ノ茶屋～岸ノ里間は1983（昭和58）年まで地平複々線で、しかも1968（昭和43）年までは旧形電車も多数の形式が在籍していたため、列車撮影には好適な撮影地だった。キハ5501形2連でやってきたのは終点難波到着を目前にした準急「南紀1号」。1959（昭和34）年に「きのくに」1往復でスタートした南紀直通気動車準急も撮影された当時は3往復に成長しており、一部は新宮まで乗入れていた。南海のキハ5501系は国鉄準急色だった頃が人生の華だったようだ。◎天下茶屋～岸ノ里（現・岸里玉出）　1964（昭和39）年8月1日　撮影：諸河 久

12001系4連の泉佐野発難波行き普通。12001系は11001系の正面貫通型車と瓜二つの急行用車で、同じ1954（昭和29）年に登場しているが、こちらはモハ2001形と同じ電動機を使用した吊掛け式駆動車で、性能的には旧形車に属する。モハ12001＋クハ12801とのMcTc編成のため、4両ではパンタグラフが2基で、11001系との識別は容易だった。◎天下茶屋～岸ノ里（現・岸里玉出）　1964（昭和39）年8月1日　撮影：諸河 久

簡易鋼体化車モハ1301を先頭とした高野線区間列車。モハ1031は乗務員扉がなく、運転士や車掌にとっては快適な職場では
なかったが、乗客にとっては正面窓を開けたままで全面展望ができるとあって、まさに特等席だった。モハ1301形は17m車だ
が、2両目以後のモ1251形よりも車体幅が狭く、扉の下部分にはステップが取り付けられていた。
◎天下茶屋〜岸ノ里（現・岸里玉出）　1964（昭和39）年8月1日　撮影：諸河 久

1501形＋クハ2851形＋1501形からなる難波発泉佐野行き普通。南海のロクサンは、窓が2段式であるのと屋根上のベンチ
レーターがガーランド型なのが特徴。1501系は2連で天王寺線や東線、3連で南海本線の普通に運用されていたが、3両とも
1501系でそろった"綺麗な編成"にはなかなかお目にかかることができなかった。写真左手の建物は1981（昭和56）年まで南
海電車の整備や検修繕を一手に引き受けていた天下茶屋工場。
◎天下茶屋〜岸ノ里（現・岸里玉出）　1964（昭和39）年8月1日　撮影：諸河 久

南海では貨物輸送が盛んで、当時も泉州地区の繊維製品や堺の農耕器具などの出荷があったため、国鉄（現・JR）連絡駅の天王寺に向けての列車が運転されていた。南海本線からの天王寺行き貨物列車は東線列車と同様、岸ノ里〜天下茶屋間の渡り線を使って東側線路に入り、天下茶屋からは天王寺線を経由していた。写真は当時新製間もないED5201形重連の牽引列車で、都会の複々線を行く姿は1977（昭和52）年まで見られた。
◎天下茶屋〜岸ノ里（現・岸里玉出）　1964（昭和39）年8月1日　撮影：諸河 久

南海は大阪と和歌山県下を結ぶ郵便・小手荷物輸送も受け持っていたため、それを任務とした専用車両も配属されていた。高野線用は電動貨車扱いのデワ2001形で、写真の2001は火災事故からの復旧に際し、1954（昭和29）年に車体を新製したため電動貨車には珍しいノーシル・ノーヘッダー車である。後方の跨線橋は汐見橋から岸ノ里への高野線。
◎天下茶屋〜岸ノ里（現・岸里玉出）　1964（昭和39）年8月1日　撮影：諸河 久

岸ノ里で高野線（通称 汐見橋線）のガードを越え、南海本線東側上り線に入るED5121形重連牽引の貨物列車。高野線帝塚山方面への線路は踏切付近で分岐しているので、南海本線堺以南から天王寺への列車である。後方に南海本線の岸ノ里ホームが見えるが、高架の岸里玉出駅となって久しい現在では考えられないような半世紀前の風景である。
◎天下茶屋〜岸ノ里（現・岸里玉出）1969（昭和44）年11月29日　撮影：西尾恵介

高野線と共用の南海本線東側下り線を行く住吉公園（現・住吉大社）行き普通。20m車2001系によるTcMc編成。東線電車として親しまれてきた南海本線区間列車も、高野線列車増発に伴い、1970（昭和45）年11月に廃止され、以後は高野線普通が各停に名称を変更し、今宮戎と萩ノ茶屋に停車する。
◎天下茶屋〜岸ノ里（現・岸里玉出）1969（昭和44）年11月29日　撮影：西尾恵介

住吉公園〜堺〜浜寺公園

モハ1001形1005を先頭とする3両編成の東線列車。1001系は1924（大正13）年に南海本線急行用として誕生した貫通式木造車で、一族にクイシニ（特別室・喫茶室・荷物室付き車両）と呼ばれる豪華車両を擁したことで知られる。戦後はダブルルーフをシングルに改め、1960年代前半まで在籍した。◎住吉公園（現・住吉大社）1957（昭和32）年4月1日　撮影：藤井信夫

モユニ1041形は簡易鋼体化車モハ1041形を1948（昭和23）年に郵便荷物車に改造した車両で、モハ1031形などに比べ扉幅が広いことが特色であった。本務の郵便・荷物輸送のほか南紀直通客車の住ノ江〜難波間回送時の牽引用としても使用されることもあった。◎住ノ江検車区　1969（昭和44）年11月29日　撮影：寺本光照

南海電鉄は貨物輸送が盛んなことは前述したが、撮影当時、堺には旅客を扱う私鉄では珍しい電気機関車専用の検車区が存在した。南海の電気機関車は1967（昭和42）年9月時点でED5101・ED5121・ED5151・ED5201の4形式26両が在籍し、何れも南海形と呼ばれる凸型のスタイルだった。写真はED5151形（左）とED5121形（右）の並び。
◎堺検車区　1971（昭和46）年7月24日　撮影：諸河 久

1907（明治40）年に大建築家辰野金吾博士率いる事務所によって建設され、最も美しい駅舎と呼ばれる浜寺公園駅。駅長のきりっとした姿が名建築を引き立てる。停車中の電車は1201系4連の難波行き普通。モハ1201形をはじめとする1201系は18m級半鋼製標準形電車で、南海の旧形電車としては最大の両数を誇った。窓が2段上昇式の大窓と中窓、一段下降式の小窓の3タイプが存在するのは1251系や2001系といった標準形電車に共通する。
◎浜寺公園　1970（昭和45）年1月3日　撮影：西尾恵介

南海本線上を行くED5201形牽引の貨物列車。単機のようだが、後部にもED5201形の付いたプッシュプルである。無蓋貨車ばかりの編成であるのは、保線用のバラストでも運んでいるのだろうか。後方に見えるは阪堺線のガードで、こちらはほどなく終点の浜寺駅前駅に到着する。◎諏訪ノ森〜浜寺公園　1970（昭和45）年8月　撮影：西尾恵介

上の写真と同じ区間を郵便・荷物列車モユニ1041形1042単行が走る。高野線の郵便・荷物輸送は電動貨車デワ2001形が担うのに対し、南海本線は旅客車の仲間であるモユニというのは対照的である。左側の松林はこの付近は海岸に近かった名残である。◎諏訪ノ森〜浜寺公園　1970（昭和45）年8月　撮影：西尾恵介

貝塚

南海本線の主要駅の一つである
貝塚駅に難波行き準急が到着す
る。セメントでかさ上げしたプ
ラットホームは、蒸気鉄道であっ
た南海の歴史を感じさせるととも
に、駅の雰囲気も中高年女性の服
装、そして電車も「昭和時代」そ
のものである。看板に掲げられた
「脇の浜汐干狩場」は埋め立てで、
過去のものになっている。
◎貝塚
1965（昭和40）年3月21日
撮影：諸河 久

【関西国際空港】
滑走路が姿を現わしつつあった頃（1992年10月）の関西国際空港の空撮写真である。大阪湾に浮かぶこの空港は南海空港線、JR関西空港線などが通る関西国際空港連絡橋により、泉佐野市のりんくうタウン方面と結ばれていた。関西国際空港は1994（平成６）年９月に開港して、関西の新しい空の玄関口の役割を果たすようになる。2007（平成19）年には、西側に２本目の滑走路をもつ二期空港島が造成される。1992（平成４）年10月　撮影：朝日新聞社

岡田浦～樽井

撮影当時の岡田浦～樽井間は海岸に近い場所を走っており、海を入れての撮影が可能だった。7000系もまだ両数が少なかったので、普通列車の大半は旧形車だった。写真は1201系3連の難波発和歌山市行き。
◎岡田浦～樽井　1966（昭和41）年8月25日　撮影：寺本光照

南海形ロクサンこと1501系は、3両編成持には他形式のクハやサハを中間に連結していたが、1965年にモハ1501形の一部が貫通式に改造され、ロクサンだけの編成が出来上がった。この区間は海岸が埋め立てられ現在では鉄道に代わり、府道63号が海岸沿いに走るなど、風景は一変している。◎岡田浦～樽井　1966（昭和41）年8月25日　撮影：寺本光照

鳥取ノ荘〜箱作

1954（昭和29）年の登場以来2または4連の編成だった貫通形11001系は、1969（昭和44）年に吊掛け式12001系の格下げ改造車サハ11800形を編成に迎え入れ、5両の半固定編成化される。写真は多奈川発難波行き急行「淡路号」として走るシーンだが、「淡路号」は全車自由席であるため、専用車を持たなかった。
◎鳥取ノ荘〜箱作　1969（昭和44）年10月12日　撮影：寺本光照

大阪湾を見ながら終点難波を目指す気動車列車の「きのくに2号」。20ページ上の写真の後追いで、手前が両運転台のキハ5551形である。南海版キハ55系は運転開始当初は大好評だったが、国鉄にキハ80系特急が運転されたことや、急行も居住性のよいキハ58系が主体となったことで、この頃には人気に陰りが出ていた。
◎鳥取ノ荘〜箱作　1969（昭和44）年10月12日　撮影：寺本光照

箱作海岸に沿って走る11001系5連の難波発和歌山市行き急行。泉南市に親戚があった筆者は、出掛ける際は泉佐野まで急行を利用したが、難波駅では11001系がやって来るのを1時間以上待つこともあった。流線形の11001系は少年たちに、それほどの乗車欲を掻き立てる車両だった。◎鳥取ノ荘〜箱作　1969（昭和44）年10月12日　撮影：寺本光照

箱作～淡輪

7000系6連の和歌山市行き急行。1963（昭和38）年から製造が開始された7000系は撮影当時90両が出揃い、特急から普通まで幅広く活躍を繰り広げていた。南海本線の6連化は1966（昭和41）年からこの7000系で実施された。7000系はもちろんオール・ロングシートだが、座席の奥行きが深く、居住性は良かった。◎箱作～淡輪　1969（昭和44）年10月12日　撮影：寺本光照

高野線とは異なり、特急車専用車を持たない南海本線での看板列車は、和歌山港で小松島行き汽船に連絡する特急「四国号」で編成の一部を座席指定車として運転していた。車両は当然ながら11001系が使用された。四国で唯一電車運転のない徳島県では、「生まれて初めて乗った電車が南海電車」という県人も少なくなかった。
◎箱作～淡輪　1969（昭和44）年10月12日　撮影：寺本光照

南海本線の11001系流線形車は1962（昭和37）年以来5両編成7本で運用されてきたが、そのうちの2本は1969（昭和44）年中に12001系の格下げ改造車サハ11800形を挿入し、6両編成で運転される。写真の前から3両目がサハ11800形で、屋根部分や裾部の形ですぐに識別ができる。◎箱作〜淡輪　1969（昭和44）年10月12日　撮影：寺本光照

和歌山市発難波行き普通に使用される1521系3連。4扉通勤用新型車両として1959（昭和34）年に登場したが、電気部品はモハ1501形のものを流用した吊掛け車で、出力は110kW×4である。前照灯は1つ、側面の窓も11001系に合わせたのか、通勤車としてはやや小さいサイズだが、後の6000系や7000系も基本的にはこのデザインを踏襲している。◎箱作〜淡輪　1969（昭和44）年10月12日　撮影：寺本光照

南紀直通客車列車には南海在籍で、国
鉄のスハ43形タイプのサハ4801が使
用された。サハ4801は紀勢本線内では
普通列車に連結されるが、南海では料金
不要の特急扱いだった。だが、南海本線
内相互間利用の旅客は2001系への乗車
を促され、快適なサハ4801を利用する
ことはできなかった。
◎箱作〜淡輪
1969（昭和44）年10月12日
撮影：寺本光照

撮影当時南紀直通客車列車は難波〜新宮間で1往復設定されていたが、新宮行きは夜行のため、撮影が可能なのは難波行きだけだった。客車は1両だけだったが、南海の電気機関車では高速運転ができないため、2001系4両による牽引だった。
◎箱作〜淡輪
1969（昭和44）年10月12日
撮影：寺本光照

1201系4連の難波発和歌山市行き普通。この日は箱作を中心に午前中は鳥取方、午後は淡輪方で撮影したが、旧型電車がやって来るのは2時間で上下合わせて3本ほどだった。1960年代初頭の南海線は11000系を除けば大半の電車は緑一色の旧型車だったのが、いつの間にか新型車に追われ、1968（昭和43）年からは旧型車の塗装も7000系のような緑の濃淡への塗り替えが進行していた。◎箱作〜淡輪　1969（昭和44）年10月12日　撮影：寺本光照

撮影中、突然のように現れたキハ5551単行の臨時急行「きのくに5号」難波行き。南紀直通の気動車列車は2両が通常編成で、準急色だった1960年代前半には3両編成にお目にかかったことはあったが、1両だけでの走行シーンは、後にも先にもこれが初めてだった。◎箱作〜淡輪　1969（昭和44）年10月12日　撮影：寺本光照

91ページ上の11001系6連急行の後追い写真。大阪府泉南地方は玉ねぎ作りが盛んで、1950年代後半期には葡萄とともに都道府県別生産額第一位を記録していた。海とともに玉ねぎ小屋も見える風景の中を列車は大阪・難波へ急ぐ。
◎箱作〜淡輪　1969（昭和44）年10月12日　撮影：寺本光照

2051系4連の和歌山市発難波行き普通。先頭車のモハ2051形の正面マスクや側面のスタイルはモハ1521形と同一だが、こちらはモハ2001形の電動機を使用しているため、出力が150kW×4でモ1521形よりも大きく、4両固定編成を可能にした。1961（昭和36）年の登場時は急行や臨時特急にも使用されたが、7000系の増備により南海本線の普通運用に回った。
◎箱作〜淡輪　1969（昭和44）年10月12日　撮影：寺本光照

和歌山市

1966（昭和41）年度初の南海では荷物電車モニ1045〜1047が木造車として在籍していた。83ページ上の写真のモハ1001形からの改造で、窓部分に破損防止用の枠や棒が取り付けられている以外、外観はモハ当時と変わらなった。モニ1045形は1968年に1201系半鋼製車に置換えられ、南海から木造車は姿を消した。
◎和歌山市　1969（昭和44）年４月29日　撮影：寺本光照

四国連絡の重責を担うことで活気がみなぎっていた和歌山港線だが、線内相互間の利用客は少なく、写真撮影当時は簡易鋼体化車モハ1061形1064の単行だった。南海の鉄道線には３扉車は木造車と、その改造の簡易鋼体化車、他社から譲受の貴志川線車以外には在籍がなく、その後も現在にいたるまで製造されていない。
◎和歌山市
1969（昭和44）年４月29日
撮影：寺本光照

和歌山市は堺とともに貨物輸送の拠点で、加太線東松江や和歌山港線築港町（旧・和歌山港）への貨物列車が運転されていた。
写真はED5121の牽く築港町行きで、後方には中継貨物を牽引してきたと思われる国鉄のC58の姿が見える。なお、南海の貨
物輸送は加太線での扱いが終了する1984（昭和59）年1月末まで続けられた。
◎和歌山市　1971（昭和46）年9月29日　撮影：寺本光照

和歌山港線の線内運転もモハ1061形が1968（昭和43）年に廃車されてからはモハ1201形両運転台車がその任に就いていた。
同線で和歌山港までの途中駅は旅客数が少なく、1両でも数えることができるほどだった。写真の1204は昇圧に際し、貴志川
線に転属する。◎和歌山市　1971（昭和46）年9月29日　撮影：寺本光照

高野線平坦区間

北野田駅を通過するモハ1251形1266を先頭とする4連の臨時列車。高野線では急行も停車する駅だが、構内踏切には、遮断器はもとより警報機も付けられていないのにはびっくりさせられる。高野線では1970（昭和45）年頃まで15m級電車が活躍していたが、南海本線に比べ沿線開発が遅れを取っていたのである。現在では橋上駅舎となっている北野田駅からは想像もできないシーンでもある。◎北野田　1967（昭和42）年8月1日　撮影：西尾恵介

21201系は高野線では戦後初の本格的新車として1957年に南海本線の11001系を17mに縮めた格好で登場するが、ズームカー21000系は試験段階だったことで、吊掛け駆動で性能的にはモハ1251形と同じである。そのため、口の悪い鉄道ファンの間からは「にせズーム」と呼ばれ、1973年の昇圧に際してもクハとして貴志川線に転属した1両を残し生き延びることはできなかった。しかし、高野線用の17m車は現在にいたるまで、どの形式も端正なスタイルである。
◎堺東　1969（昭和44）年9月1日　撮影：西尾恵介

住吉東で発車を待つモハ1251形1280を先頭とする3連の汐見橋行き普通。撮影当時高野線の起点である汐見橋駅からは、毎時4本の住吉行き区間列車が運転されており、辛うじて高野線のメンツを保っていたが、東線電車が廃止された1970年11月改正では、岸ノ里で打ち切りとなってしまった。◎住吉東　1969（昭和44）年11月29日　撮影：西尾恵介

この写真を見て「なんで南海線の7100系が高野線ページに‥‥」と、思われる方もおられると思うが、実は1969（昭和44）年内に高野線に入る予定の6100系の落成が、1970（昭和45）年5月まで延びたため、1969年8月に登場した7100系4両3編成は、その間助っ人として高野線運用に入ったのである。住宅地開発が進んできた高野線平坦区間では、それだけ輸送事情が逼迫していたのだろう。しかし、高野線での7100系もなかなか格好がいい。
◎千代田〜河内長野　1969（昭和44）年10月　撮影：西尾恵介

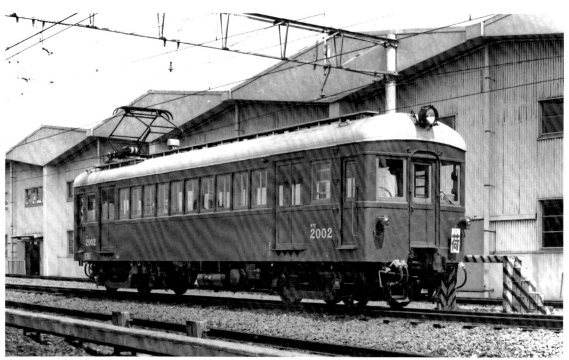

千代田検車区に憩うデワ2001形2002。生まれは高野線の前身高野山電気鉄道デ101形で、南海になってからはモハ561形として高野線山岳区間で活躍するが、1958（昭和33）年のズームカー21000系登場後は下山し、小運転や支線区で使用された。小型車であるため廃車時期は早かったが、1両だけはデワ2002に改造され、1972（昭和47）年まで在籍した。
◎千代田検車区　1969（昭和44）年4月3日　撮影：西尾恵介

デト1001形1001は写真撮影当時、南海では唯一の無蓋電動貨車で、モハ561形同様出自が高野山電気鉄道であるため、写真が撮影された当時も高野線山岳区間の保線関係資材の輸送に使用されていた。貨物輸送が盛んな南海でも、さすが50‰の高野下〜極楽橋間に電気機関車は入ることができず、デト1001は重宝にされていた。
◎千代田検車区　1968（昭和43）年10月26日　撮影：西尾恵介

特急「こうや号」難波方先頭車モハ20001の運転室後方から撮影した21000系の直行。ズームカーを高野線平坦区間列車に使うのは、もったいないような気がする。写真撮影の区間はまわりの風景などで目星がついたが、残念ながら発表するには至らなかった。しかし、住宅地で埋め尽くされた現在では考えられないほど、当時の高野線平坦区間はのどかである。
◎1965（昭和41）年４月６日　撮影：辻阪昭浩

試運転の際、河内長野駅に停車中の20000系「こうや号」。写真左手に近鉄長野線の電車が見えるので、38ページ下の写真とよく似た位置での撮影だが、駅ホームの様子は一変している。◎河内長野　1963（昭和38）年２月24日　撮影：辻阪昭浩

20000系「こうや号」は4両1本しか在籍しないため冬季は運休し、その間は検査・修繕に充てられる。写真は1964（昭和39）年3月からの運転に備え、難波方向から河内長野に進入する試運転列車。当時最長編成が4両だった同駅のホームは現在では10両対応用に延長されているため、写真右手の近鉄の線路や家屋は南海線ホームからは見えず、写真前方の寺院だけが住宅の中に姿を残している。◎河内長野　1963（昭和38）年2月24日　撮影：辻阪昭浩

高野線準山岳区間

高野線の府県境の山中を行く20000系特急「こうや号」。赤とクリーム色の塗装は山間部ではひと際映える存在だった。1日2往復の運転で、途中堺東と橋本に停車するとはいえ、現在のように通勤や買い物などのために利用する旅客の姿は見られなかった。◎紀見峠　1965（昭和40）年4月6日　撮影：辻阪昭浩

三日市町以南の高野線では、1969（昭和44）年まで汐見橋/天王寺〜高野下間で貨物列車が運転され、紀ノ川の砂利や沿線の和歌山県下でとれる柿や蜜柑を運んでいた。写真は最大26‰勾配の紀見峠を単機で越える貨物列車だが、牽引機ED5121の出力はモハ1251形と同じ75kW×4なので、有蓋貨車2両だけの編成とはいえ、楽な仕業ではなかった。
◎紀見峠　1965（昭和40）年4月6日　撮影：辻阪昭浩

写真撮影当時、難波〜極楽橋間の「大運転」にはズームカー20000・21000系のほか、吊掛け車の1251系と"にせズーム"21200系がその任に就いていた。モハ1251形は15m級の小型車だが、回生制動を有しているため、山岳区間への入線も可能だった。
◎紀見峠　1965（昭和40）年4月6日
撮影：辻阪昭浩

紀見峠を越え、写真左側に見える国鉄（現・JR）和歌山線と合流する橋本駅に入線する21000系4連の極楽橋行き快速急行。円形の中にさらに2つの円形を入れたしゃれたヘッドマークを付けているが、単線の三日市町以南では各駅に停車した。21000系でも、このモハ21014を先頭とする編成は製造当初からロングシートだった。
◎橋本　1965（昭和40）年4月6日
撮影：辻阪昭浩

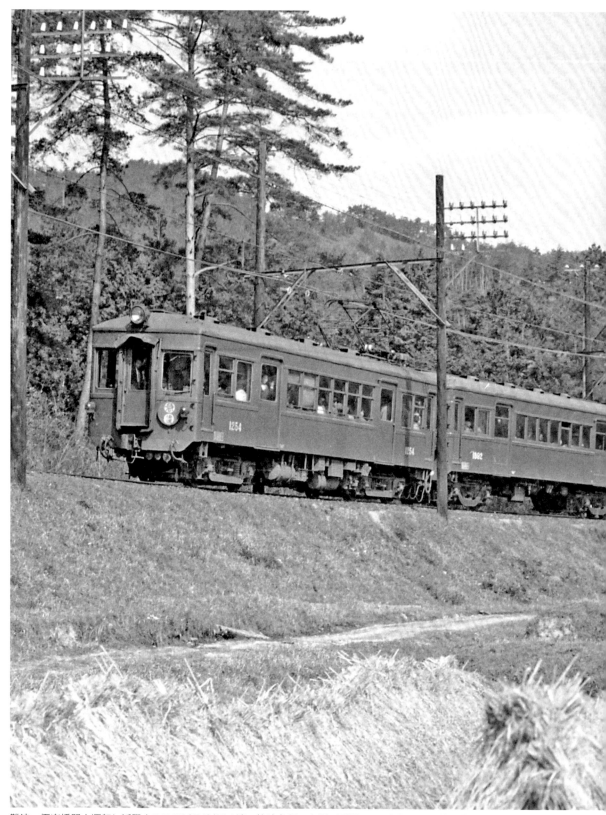

難波〜極楽橋間大運転に活躍するモハ1254以下4連の快速急行。小型4両が2つの勾配区間に挑む姿は、鉄道ファンの目を引き付けたが、21000系の登場後は古い車体と輸送力不足が仇となり、さすがに利用客からの評判は芳しくなかった。1251系の大運転は22000系の増備により、1970（昭和45）年11月改正で廃止されるまで続いた。
◎紀見峠　1965（昭和40）年4月6日　撮影：辻阪昭浩

高野線山岳区間

急曲線の島式ホームを持つ紀伊神谷駅で難波行き特急「臨時こうや号」と極楽橋行き急行がすれ違う。双方とも21000系ロングシート車である。「臨時こうや号」にはロングシート車が入る機会も多かった。高野山は参拝のほか、"大阪市内より10℃低い"ことで避暑に行く人が多く、極楽橋行きはかなり混みあっている。
◎紀伊神谷　1975（昭和50）年8月25日　撮影：辻阪昭浩

極楽橋駅で発車を待つ21000系「臨時こうや号」と同急行。その右側にはモハ1251系急行の姿も見える。極楽橋駅に並ぶ車両も現在は様変わりしたが、駅の様子は50年近く時を経た現在も変わらない。
◎極楽橋　1975（昭和50）年8月25日　撮影：辻阪昭浩

5章
モノクロフィルムで記録された
車両更新後の高野線

南海本線に比べ車両の近代化で後れをとってきた高野線も山岳区間へはズームカー、宅地が進む平坦区間へはステンレス製の
4扉車が大量投入され、泉北高速鉄道との相互直通が始まる1971年4月には1500V昇圧をまたず、旧形車は姿を消す。そして、
単線区間が続く河内長野以南の複線化も推進される。そうした高野線での高性能化以後の姿をこの章で振り返る。写真は単線
時代の加賀田信号所付近を行く22000系である。◎加賀田信号所～千早口　1981（昭和56）年4月26日　撮影：寺本光照

高野線平坦区間

6100系6連の難波発河内長野行き各停。高野線平坦区間は、1960（昭和35）年以後の住宅開発で利用客が増加したため、日中の各停列車も6両で運転される。ステンレスカーは無塗装のせいか、モノクロ写真の方が実物よりも美しく見える。
◎狭山〜狭山遊園前（現・大阪狭山市）1993（平成5）年4月7日　撮影：寺本光照

22000系6連の極楽橋行き急行。後部2両は途中の三日市町で切り離されるので、"平坦区間専用車"でもある。「極楽橋」の駅名は南海沿線の住民以外にはあまり知られてなく、橋本以遠への旅客の大半は高野山に出かけるので、行き先は「高野山」と表記されている。◎狭山〜狭山遊園前（現・大阪狭山市）1993（平成5）年4月7日　撮影：寺本光照

左のページと同じ22000系6連の極楽橋行き急行。新標準色への塗装変更は22000系など「大運転」のズームカーにも及んでいる。途中切り離しの後部2両旧塗装のままである。22000系は1969（昭和44）年からの製造なので、初期車の車齢は25年近くになるが、17m車ながらも端正なスタイルは古さを感じさせない。
◎狭山〜狭山遊園前（現・大阪狭山市）1993（平成5）年4月7日　撮影：寺本光照

金剛山地が近くなり、まだ田畑も残る滝谷〜千代田間を行く6000系6連の河内長野行き各停。当時6000系は冷房改造が実施されておらず、南海の本線運用車特有の円形行き先表示板が健在だった。
◎滝谷〜千代田　1981（昭和56）年3月28日　撮影：寺本光照

高野線河内長野～橋本間の複線化は写真撮影当時には、三日市町～千早口間と御幸辻～橋本間を除き完成していた。しかし、肝心の三日市町～千早口間が工事中とはいえ単線では輸送力増強までに至らず、三日市町以南は相変わらず「20m車禁制」が続いていた。写真は6100系6連の区間急行で新今宮・堺東と北野田以南の各駅に停車していた。
◎河内長野～三日市町
1983（昭和58）年8月18日
撮影：寺本光照

1974（昭和49）年3月に複線化された河内長野～三日市町間は、単線時代から20m車の入線が可能な平坦区間であるため、写真の三日市町付近を除き単線に肉付け式の形で実施された。22000系の極楽橋行き急行は難波からの4両編成。区間旅客も多いこの区間では輸送力不足は避けられなかった。
◎河内長野～三日市町
1983（昭和58）年8月18日
撮影：寺本光照

三日市町から前部に22000系2両を増結した極楽橋発難波行き急行。21000系は4両固定のため6・8両への増結は22000系で、連結位置は難波方に限定される。そのため、21000系の連結器は写真の極楽橋方が密着自動連結器、難波方は電連（電気連結器）付密着連結器と異なったものになっている。◎河内長野〜三日市町　1983（昭和58）年8月18日　撮影：寺本光照

三日市町発難波行き各停として活躍する泉北高速鉄道3000系6連。泉北高速線には入らず、起終点間が南海電鉄線となる運用である。6000系など高野線用20m車は三日市町〜御幸辻間の複線化が完成した翌1984（昭和59）年3月から林間田園都市まで乗入れるが、泉北所属車は勾配対応仕様でないため、三日市町以南に進出することはなかった。
◎河内長野〜三日市町
1983（昭和58）年8月18日
撮影：寺本光照

三日市町〜千早口〜天見

40ページ上の写真とほぼ同じ地点を、やや高い位置からとらえた写真。筆者は単線当時の三日市町〜千早口間はローカルムードが漂っている上に、無理なく採れることや、列車本数が比較的多いことで、何度か通ったが、特に天見川の脇を走るこの撮影ポイントは気に入っていた。現在の高野線は美加の台トンネルで抜けており、21000系とともに過去の景色である。
◎加賀田信号所〜千早口　1981（昭和56）年4月26日　撮影：寺本光照

列車交換設備のある加賀田信号所付近を行く21000系4の極楽橋行き急行。撮影当時三日市町〜千早口の距離は3.7kmだが、列車の運行をスムーズにするため、1957（昭和32）年4月に加田信号所が設置されていた。
◎加賀田信号所　1981（昭和56）年4月26日　撮影：寺本光照

対向列車のない加賀田信号所を通過する22000系4連の極楽橋行き急行。現在の美加の台駅はこの付近に設置され、住宅開発とともにのどかな田舎の風景は一変している。◎加賀田信号所　1981（昭和56）年4月26日　撮影：寺本光照

40ページ上の写真と同じ地点を行く30000系特急「こうや号」。撮影2ヶ月前の1983（昭和58）年6月26日から運転を開始した30000系も、三日市町〜千早口間複線化完成の1984（昭和59）年3月6日までの間、ピカピカの新車の状態で旧線を走った。◎加賀田信号所〜千早口　1983（昭和58）年8月18日　撮影：寺本光照

建設工事が進む美加の台トンネルの三日市町側にあたる加賀田信号所を通過する21000系難波行き急行。複線の新線は旧線を直交する形で延長1036mのトンネルに入り、千早口駅の約800m手前で明かり区間に出る。新駅の美加の台は1984（昭和59）年9月1日、写真右手に開業する。◎加賀田信号所　1983（昭和58）年8月18日　撮影：寺本光照

複線化なった三日市町〜美加の台間を行く21000系4連の難波行き急行。線形の改良も並行して実施されたため、最高速度も
単線時代の43km/hから私鉄幹線にふさわしい100km/hへと大幅にアップされた。林間田園都市までの区間急行が設定され
たこともあり、大運転列車の三日市町以南は4連のままである。線路右後方に美加の台駅が見える。
◎三日市町〜美加の台　1991（平成3）年4月4日　撮影：寺本光照

高野線の拠点駅・橋本では和泉山脈越えの北部と、紀伊山地に挑む南部に勾配区間を抱えるが、大阪市内からの需要がある北部区間は複線化と線形改良により、快適な鉄道に生まれ変わった。この見開きページでは同一地点での、工事前後の姿を検証してみよう。まず、単線時代の加賀田信号所三日市町側を行く21000系である。
◎三日市町〜加賀田信号所　1981（昭和56）年4月26日　撮影：寺本光照

上の写真から10年後、複線化された線路には6100系6両の電車が走り、右手の雑木林だった丘は宅地造成が始まっている。
120〜121ページは、この地点から加賀田信号所廃止後に開業した美加の台方を撮ったもの。
◎三日市町〜美加の台　1991（平成3）年4月4日　撮影：寺本光照

のどかな山里の単線の線路を、高野線のクイーン「こうや号」は最高速度43km/hを遵守しながら走る。加賀田信号所までは山を避ける線形のため、カーブの連続である。◎加賀田信号所〜千早口　1981（昭和56）年4月26日　撮影：寺本光照

10年以上を過ぎたほぼ同じ地点を、塗装変更した21000系急行が行く。加賀田信号所があった場所の美加の台駅までは、写真の美加の台トンネルを抜けることで約200m短絡された。
◎美加の台〜千早口　1992（平成4）年11月22日　撮影：寺本光照

42ページ下の写真と同じ地点を行く「通勤ズーム」こと22000系4連。国道371号から眺めることが出来たこの千早口〜天見間は、三日市町〜千早口間よりも一足早く1983（昭和58）年6月に複線化され、下天見トンネルを含む新線に移った。
◎千早口〜天見　1986（昭和61）年3月28日　撮影：寺本光照

天見～紀見峠～橋本

20m車の入線を阻んでいた三日市以南も、1984（昭和59）年3月からは林間田園都市まで6000系などの大型車が入線するようになり、通勤事情は大幅に緩和された。◎天見～紀見峠　1991（平成3）年4月4日　撮影：寺本光照

天見～紀見峠は従来の紀見トンネルをそのまま活かした形で複線化が実施されたため、上り線用には「新紀見トンネル」が建設され、出入口付近は一見単線のようになっている。その風景の中を6000系6連の難波行き区間急行が行く。
◎天見～紀見峠　1991（平成3）年4月4日　撮影：寺本光照

左ページ下の6000区間急行を後追いで撮った写真。近代的な複線区間に、通勤車両にふさわしい20ｍ４ドア車の姿はよく似合う。６連での輸送力は17ｍ車22000系４連の２倍に近い。◎天見～紀見峠　1991（平成３）年４月４日　撮影：寺本光照

南海電鉄にVVVFの音をもたらした台運転用ステンレスカー 2000系は、楽々と紀見峠を越える。平成の大手私鉄の新車で17ｍ車４連が物足りないという声もあるようだが、高野下以南の線路条件ではやむを得ない。しかし、2000系側面の窓配置は秀逸なものである。◎天見～紀見峠　1991（平成３）年４月４日　撮影：寺本光照

6000系連の林間田園都市行き区間急行と22000系大運転急行のすれ違い。P110〜113ページの紀見峠付近の様子からは25年以上の星霜を経ているとはいえ、当時では考えられなかったことだろう。
◎天見〜紀見峠　1992（平成4）年11月22日　撮影：寺本光照

新紀見トンネルを抜けたのも束の間、第3出合トンネルに進入する6200系6連の林間田園都市発難波行き区間急行。半逆光と前照灯がステンレスカー側面のコルゲートの美しさを引き立てる。
◎天見〜紀見峠　1992（平成4）年11月22日　撮影：寺本光照

6200系の正面周囲にFRP製のキセを取り付けた界磁チョッパ―車8200系も、高野線準山岳区間に登場。当時南海の高野線用ステンレスカーは全形式が林間田園都市まで侵入する。1958年に21000系が落成するまで、クハ1900を除けば15m級の旧型車ばかりだった紀見峠付近も、正真正銘の通勤路線である。
◎美加の台～千早口　1992（平成4）年11月22日　撮影：寺本光照

49ページ上の写真と同じ地点を行く21000系4連の難波行き急行。同じ見開きの3枚の写真とは撮影年月が異なるが、1991（平成3）年当時もこの区間は単線のままで残され、「20m車禁制」はまだ解除されていなかった。
◎御幸辻～橋本　1986（昭和61）年3月28日　撮影：寺本光照

新紀見峠トンネルを抜け上り専用線を行く30000系特急「こうや」。一見単線で周りが木々に覆われているので、高野山に近い山岳区間を走っているかのようでもある。30000系になってからの「こうや号」は停車駅が増え、通勤特急の使命をも担っている。◎天見〜紀見峠　1992（平成4）年11月22日　撮影：寺本光照

紀伊清水〜学文路間を行く30000系特急「こうや号」。橋本〜極楽橋間は南海では山岳区間とされているが、紀ノ川沿いの平野部なので、30000系は80km/hのスピードで軽快に走る。
◎紀伊清水〜学文路　1984（昭和59）年4月15日　撮影・寺本光照

紀伊清水駅付近の棚田を見ながら走る22000系極楽橋行き急行。車内は高野山1150年大法会の参拝客で満員なのか、窓は真っ暗だ。17m車4連はまるで通勤電車なみである。◎紀伊清水〜学文路　1984（昭和59）年4月15日　撮影・寺本光照

こちらも満員の参拝客を乗せ、高野山に向かう22000系極楽橋行き急行。平野と山の境目にあたるこの付近は、紀ノ川沿いの平野を俯瞰した写真撮影が可能で、一日中いてても空きが来ない。
◎紀伊清水～学文路
1984（昭和59）年4月15日
撮影・寺本光照

新塗装の2000系が紀伊清水付近を行く。1971（昭和46）年以来「こうや号」以外は21000系と22000系ばかりだった橋本～極楽橋間もステンレス車の時代である。◎紀伊清水～学文路　1998（平成10）年4月6日　撮影・寺本光照

53ページ上の写真と同じ地点を行く21000系の極楽橋行き急行。車内は弘法大師御入定1150年大法会への参拝客で満員である。高野線紀ノ川添いの平野部も学文路で終わり、同駅からは徐々に高度を上げ高野下からは本格的な山岳電車の風景になる。
◎紀伊清水〜学文路　1984（昭和59）年4月15日　撮影・寺本光照

高野線山岳区間

高野線の山岳区間の一歩手前に位置する丹生川鉄橋は高野下駅からも近いことで、撮影スポットとして知られ、カメラを向けるファンが絶えない。特に名優「こうや号」が橋を渡るシーンはこの30000系の一代前にあたる20000系が活躍していた頃から、鉄道雑誌で紹介され、この書籍でも掲載に欠かすことはできない。
◎九度山〜高野下
1998（平成10）年4月6日
撮影・寺本光照

30000系特急「こうや号」が山岳区間の下古沢駅を通過する。最大50‰勾配で急カーブも連続する高野下〜極楽橋間では特急といえど、30km/h運転がやっとで、ノロノロ運転を余儀なくされる。
◎下古沢　1985（昭和60）年8月27日　撮影：寺本光照

6章

モノクロフィルムで記録された
南海の支線区・軌道線、
泉北高速鉄道線

南海本線には1985（昭和60）年当時、通称：汐見橋線を含めれば6つの支線が存在したが、そのうち最も距離が長いのが延長9.6kmの加太線である。全線が和歌山市内で、沿線には工場や海水浴場があることで、通勤客や行楽客の利用が多い。そのため、列車編成は線内運転の2両ながらも、支線区専用車以外に7000・7100系も入っている。写真は終点加太に到着した7000系で、同駅は2面2線のホームを有している。◎加太　1985（昭和60）年8月13日　撮影：寺本光照

天王寺線

天王寺線は、大阪市内では唯一南海線と国鉄線とのレールがつながっているため、1977（昭和52）年までは貨物列車の運転も行なわれていた。旅客輸送も複線の設備を活かした頻発運転が実施され、新今宮駅が開業する1966（昭和41）年12月までは終日混雑を呈していた。写真はED5201形重連牽引の貨物列車。◎天王寺　1968（昭和43）年3月17日　撮影：寺本光照

天王寺線のうち今池町〜天下茶屋間は、大阪地下鉄堺筋線延伸工事のため1984（昭和59）年11月に廃止。それにより天王寺線は南海線との連絡がない独立路線となる。しかし、天王寺〜今池町はわずか1.2kmで利用客数も見込めないため、単線化され列車もモハ1521形の単行運転になる。写真の今池町駅で交差するガードは阪堺線。
◎今池町　1985（昭和60）年7月26日　撮影：寺本光照

通称：汐見橋線

汐見橋〜岸ノ里間は南海本線萩ノ茶屋〜玉出間高架工事の進展で、写真撮影直前の1985（昭和60）年6月に線路が高野線から分断され、実質的に"汐見橋線"になる。電車もそれまでの6000系2連から7000系と1521系に変更され、まさに南海本線の支線といった感じだった。大阪ミナミの繁華街からさほど遠くない位置にある汐見橋駅もひっそりしている。
◎汐見橋　1985（昭和60）年7月26日　撮影：寺本光照

高師浜線

南海本線の支線は、どの路線も延長距離が10kmに満たないが、その中でも羽衣〜高師浜間の高師浜線は1.5kmに過ぎない。高師浜駅はかつてすぐ傍が海岸で、夏場は海水浴客で賑わったが、海が臨界工業地帯と化した今は駅周辺の住宅地から南海本線への生活路線として機能している。1985（昭和60）年当時は支線区専用車となったモハ1521が終日単行で短距離を行き来していた。◎高師浜　1985（昭和60）年8月13日　撮影：寺本光照

多奈川線

難波から多奈川行き急行「淡路号」が深日港駅に到着。改札口を出た淡路島への旅客は、駅前の道路を汽船発着場に向かう。
1日4往復の「淡路号」到着時がこの駅のゴールデンアワーで、この日は旧盆で改札口は混雑していた。
◎深日港　1985（昭和60）年8月13日　撮影：寺本光照

多奈川線の終点・多奈川でみさき公園へ折り返す1521系2両の区間列車。1駅手前の深日港とは対照的にのどかな感じだ。
多奈川線は2.6kmの全線が大阪府岬町内にあり、途中の2駅は交換設備がないため、区間列車はピストン運転で対処している。
◎多奈川　1985（昭和60）年8月13日　撮影：寺本光照

和歌山港線

和歌山港線の実質的な終点である和歌山港駅は、1971（昭和46）年3月のフェリー乗り場移転と水軒開業に合わせ旧駅（のちの築港町）から下り方向に0.5km移転。20m車8連に対応する島式ホームは①番線が水軒直通、②番線は行き止まり式で同駅始終着列車が使用していた。明石大橋など夢また夢の当時、幅の広いホームが利用客の多さを物語っている。
◎和歌山港　1985（昭和60）年8月13日　撮影：寺本光照

59ページの写真とは逆方向のモハ1525側から撮影した写真。和歌山県が保有し南海が運転業務を担当する鉄道とはいえ、なぜ30年以上もの間、鉄道を放置状態にしておいたのかは疑問が残る。電車の後方の小高い山をトンネルで抜ければ、和歌山市内の観光地・雑賀浦である。◎水軒　1985（昭和60）年8月13日　撮影：寺本光照

貴志川線

現在和歌山〜貴志間を結ぶ和歌山電鐵貴志川線は、1961（昭和36）年11月から2006（平成18）年3月までは南海電鉄の一員で、本線とは直接の連絡がない独立支線形態をとっていた。写真は伊太祁曽駅に進入するモハ600形602で、車体は元阪急51系63形66のものとされる。木造車を簡易鋼体化したような車両で側窓に面影が残っている。
◎伊太祁曽　1965（昭和40）年3月22日　撮影：諸河 久

伊太祁曽駅に停車中のクハ800形803。正面に荷物台を付けていることで、見るからに未電化私鉄のガソリンカーといった感じだが、それもそのはずで元片上鉄道のガソリンカーを譲り受け、電車の制御車とした車両である。貴志川線は伊太祁曽神社などへの参拝客輸送を目的とし、1916（大正5）年に開業した山東軽便鉄道がルーツのローカル私鉄なので、車両の増備は他社からの譲渡に頼らざるを得なかった。◎伊太祁曽　1965（昭和40）年3月22日　撮影：諸河 久

貴志川線では伊太祁曽に車庫があり、撮影当時は11両の電車が在籍していた。写真のモハ200形206は、元江若鉄道のガソリンカーを電車化した車両で、後部のドア配置から荷物室の跡が伺える。貴志川線車両は、譲渡時期や旧所属会社との関係から、1両ずつが異なった形態をしていた。◎伊太祁曽　1965（昭和40）年3月22日　撮影：諸河 久

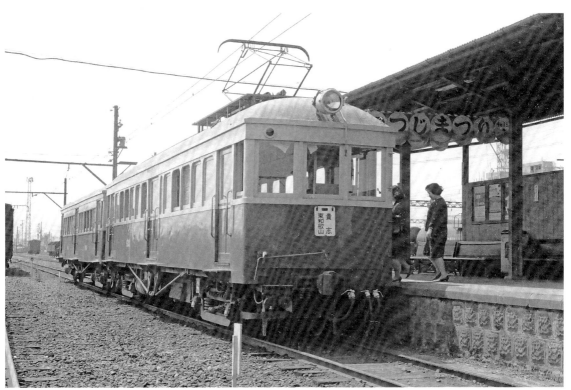

東和歌山で発車を待つモハ600形601ほか2連の貴志行き。紀勢本線や阪和線と接続する東和歌山（現・和歌山）駅では、和歌山電鐵の経営となった現在と同じ東端の1面1のホームを使用していた。◎東和歌山（現・和歌山）1966（昭和41）年4月29日　撮影：寺本光照

南海への合併当初は雑多の形式の車両が見られた貴志川線も、車両は1969（昭和44）年に15m車のモハ1051形、さらに1971（昭和46）年には15m車のモハ1201形に置換えられ、形式統一とスピードアップが実施される。しかし、行き違い電車の正面貫通路窓にタブレットが見えるように、通票閉塞は1990年代まで残されていた。なお伊太祁曽駅は和歌山電鐵の経営になってからは、漢字表記が「伊太祈曽」に変更される。◎伊太祁曽　1985（昭和60）年8月13日　撮影：寺本光照

貴志川線の終点貴志で折り返すモハ1201形。南海線や高野線の1500V昇圧から久しい時が経過しても、1201形が生き延びることができたのは、貴志川線は昇圧の対象から外れ、600Vのままで残されたのが理由だった。貴志駅は起点の和歌山と同じ、1面1線ホームと車両留置用の側線を持つローカル駅だが、和歌山電鐵に転換後は「たま駅長」で一躍有名になる。
◎貴志　1985（昭和60）年8月13日　撮影：寺本光照

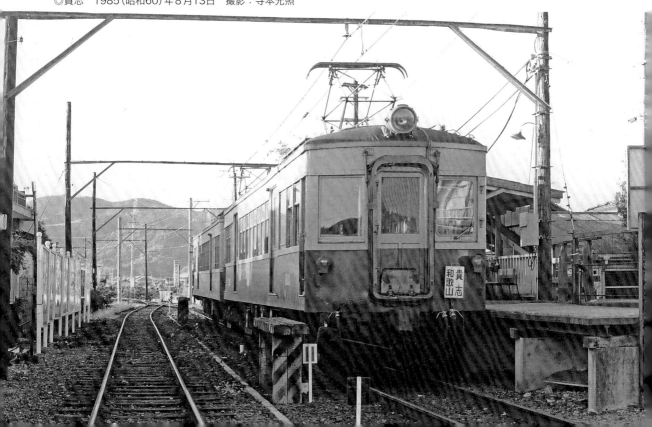

大阪軌道線

上町線天王寺駅前付近の併用軌道を行くモ101形117。大阪軌道線では1960年代まで残った木造大型車で、深いダブルルーフが特徴だった。天王寺駅前〜阿倍野間では上町線終点の住吉公園のほか、浜寺駅前や平野へ行く系統もあり、電車はひっきりなしに走っていた。街並みのほか、荷物運搬用の三輪自動車などに時代を感じさせる。
◎天王寺駅前〜阿倍野　1959（昭和34）年3月27日　撮影：辻阪昭浩

大阪軌道線では数少ない中形形式ながら最大両数を誇るモ205形が上の写真と同じ場所を行く。軌道線電車は鉄道線旧型車と同じ緑一色ながら、木製の扉や窓枠はニス塗りのままだった。集電装置はビューゲルとポールの中間のような形だが、501形登場後はパンタグラフが主力になる。なお、南海大阪軌道線は1980（昭和55）年12月に南海から経営分離され、阪堺電気軌道となる。◎天王寺駅前〜阿倍野　1959（昭和34）年3月27日　撮影：辻阪昭浩

こちらは、光明池行きの泉北高速3000系だが、終点が近いせいか、方向幕は白地になっている。バックには新しい戸建て住宅が多く見える。
◎栂・美木多〜光明池　1993（平成５）年９月19日
撮影：寺本光照

泉北高速鉄道線

泉北高速鉄道開業時から活躍する100系の難波行き準急。100系は1983（昭和58）年から冷房化が進み、正面マスクも3000系に近いものに改造された。
◎栂・美木多〜光明池
1993（平成5）年9月19日
撮影：寺本光照

光明池駅を発車した3000系3503を先頭とする中百舌鳥行きの線内列車。泉北高速線内はすべての列車が各駅に停車する。
◎栂・美木多〜光明池　1993（平成５）年９月19日　撮影：寺本光照

高層マンションを見ながら走る南海電鉄8200系の難波行き準急。停車駅は泉北高速線を含む堺東までの各駅と新今宮で、泉北高速鉄道では主力の列車種別である。◎栂・美木多〜光明池　1993（平成５）年９月19日　撮影：寺本光照

泉北高速鉄道はニュータウンを走る鉄道にふさわしく、線路はタウン内の幹線道路・府道38号と一体化して敷設されている。3000系は1975（昭和50）年から製造された、当初からの冷房車で、当時の泉北高速鉄道の所属車は100系とこの3000系との2形式だけだった。◎栂・美木多～光明池　1993（平成5）年9月19日　撮影：寺本光照

泉北高速線の線内運転に使用される南海電鉄の8200系。泉北高速線では南海との相互乗入れを行なう関係で、南海電鉄の車両は6000系以後、ステンレス製4扉車の全形式が入っていたが、筆者が訪れたこの日にお目にかかったのは、なぜか8200系だけだった。
◎栂・美木多～光明池
1993（平成5）年9月19日
撮影：寺本光照

泉北高速鉄道を代表する風景の中を行く泉北高速鉄道3000系による難波行き準急。泉北高速線では旅客の増加により、8両
編成車が増えたこともあり、泉北所属車の南海乗入れは1989年9月から相互直通区間の難波〜光明池間に変更された。
◎栂・美木多〜光明池　1993（平成5）年9月19日　撮影：寺本光照

南海本線

難波　なんば
【所在地】大阪府大阪市中央区難波5-1-60
【開業】1885(明治18)年12月29日
【キロ程】0.0km(難波起点)
【ホーム】9面8線
【乗降人員】250,584人(2019年度)

今宮戎　いまみやえびす
【所在地】大阪府大阪市浪速区
　　　　敷津東3-2-11(恵美須→今宮戎)
【開業】1907(明治40)年10月5日
【キロ程】0.9km(難波起点)
【ホーム】1面2線
【乗降人員】1,542人(2019年度)

新今宮　しんいまみや
【所在地】大阪府大阪市西成区萩之茶屋1-2-24
【開業】1966(昭和41)年10月5日
【キロ程】1.4km(難波起点)
【ホーム】3面4線
【乗降人員】97,603人(2019年度)

萩ノ茶屋　はぎのちゃや
【所在地】大阪府大阪市西成区萩之茶屋3-5-38
【開業】1907(明治40)年12月20日
【キロ程】2.0km(難波起点)
【ホーム】1面2線
【乗降人員】1,550人(2019年度)

天下茶屋　てんがちゃや
【所在地】大阪府大阪市西成区岸里1-1-9
【開業】1885(明治18)年12月29日
【キロ程】3.0km(難波起点)
【ホーム】3面4線
【乗降人員】75,834人(2019年度)

岸里玉出　きしのさとたまで
【所在地】大阪府大阪市西成区玉出東1-1-17
【開業】1993(平成5)年4月18日
　　　　高野線(1900年開業の勝間→阿部野
　　　　→1925年本線と統合→岸ノ里)
　　　　南海本線(1913年開業の岸ノ里と
　　　　1907年開業の玉出が1993年に統合)
【キロ程】3.9km(難波起点)、
　　　　4.6km(汐見橋起点)
【ホーム】南海本線1面2線、
　　　　高野線3面3線
【乗降人員】7,210人(2019年度)

粉浜　こはま
【所在地】大阪府大阪市住吉区東粉浜3-23-25
【開業】1917(大正6)年4月21日
【キロ程】5.1km(難波起点)
【ホーム】2面4線
【乗降人員】4,180人(2019年度)

住吉大社　すみよしたいしゃ
【所在地】大阪府大阪市住吉区長峡町3-14
　　　　(住吉公園→住吉大社)
【開業】1912(明治45)年2月17日
【キロ程】5.7km(難波起点)
【ホーム】2面4線
【乗降人員】9,020人(2019年度)

住ノ江　すみのえ
【所在地】大阪府大阪市住之江区
　　　　西住之江1-1-41
【開業】1907(明治40)年8月21日
【キロ程】6.7km(難波起点)
【ホーム】2面4線
【乗降人員】12,304人(2019年度)

七道　しちどう
【所在地】大阪府堺市堺区鉄砲町1-22
【開業】1917(大正6)年4月21日
【キロ程】8.2km(難波起点)
【ホーム】1面2線
【乗降人員】11,389人(2019年度)

堺　さかい
【所在地】大阪府堺市堺区戎島町3-22
【開業】1888(明治21)年5月15日
【キロ程】9.8km(難波起点)
【ホーム】2面4線
【乗降人員】38,712人(2019年度)

湊　みなと
【所在地】大阪府堺市堺区出島町2-4-9
【開業】1897(明治30)年10月1日
【キロ程】11.2km(難波起点)
【ホーム】1面2線
【乗降人員】6,698人(2019年度)

石津川　いしづがわ
【所在地】大阪府堺市西区
　　　　浜寺石津町中3-15-19
【開業】1919(大正8)年6月1日
【キロ程】12.7km(難波起点)
【ホーム】2面2線
【乗降人員】14,475人(2019年度)

諏訪ノ森　すわのもり
【所在地】大阪府堺市西区浜寺諏訪森町西2-78
【開業】1907(明治40)年12月20日
【キロ程】13.8km(難波起点)
【ホーム】2面2線
【乗降人員】7,742人(2019年度)

浜寺公園　はまでらこうえん
【所在地】大阪府堺市西区浜寺公園町2-188
【開業】1897(明治30)年10月1日
　　　　(浜寺→浜寺公園)
【キロ程】14.8km(難波起点)
【ホーム】2面4線
【乗降人員】4,270人(2019年度)

羽衣　はごろも
【所在地】大阪府高石市羽衣1-15-16
【開業】1912(明治45)年3月1日
【キロ程】15.5km(難波起点)
【ホーム】2面3線(うち南海本線1面2線)
【乗降人員】22,319人(2019年度)

高石　たかいし
【所在地】大阪府高石市千代田1-10-18
【開業】1901(明治34)年3月1日
　　　　(葛葉→高石町→高石)
【キロ程】17.4km(難波起点)
【ホーム】2面4線
【乗降人員】10,173人(2019年度)

北助松　きたすけまつ
【所在地】大阪府泉大津市東助松町1-11-1
【開業】1957(昭和32)年12月28日
【キロ程】18.5km(難波起点)
【ホーム】2面2線
【乗降人員】12,566人(2019年度)

松ノ浜　まつのはま
【所在地】大阪府泉大津市二田町1-1-15
【開業】1914(大正3)年12月10日
　　　　(助松→松ノ浜)
【キロ程】19.5km(難波起点)
【ホーム】2面2線
【乗降人員】3,939人(2019年度)

泉大津　いずみおおつ
【所在地】大阪府泉大津市旭町19-1
【開業】1897(明治30)年10月1日
　　　　(大津→泉大津)
【キロ程】20.4km(難波起点)
【ホーム】2面4線
【乗降人員】29,402人(2019年度)

忠岡　ただおか
【所在地】大阪府泉北郡忠岡町忠岡南1-5-1
【開業】1925(大正14)年7月11日
【キロ程】22.3km(難波起点)
【ホーム】2面2線
【乗降人員】9,337人(2019年度)

春木　はるき
【所在地】大阪府岸和田市春木若松町14-6
【開業】1914(大正3)年10月18日
【キロ程】23.7km(難波起点)
【ホーム】2面3線
【乗降人員】14,722人(2019年度)

和泉大宮　いずみおおみや
【所在地】大阪府岸和田市上野町東13-1
【開業】1937(昭和12)年4月10日
【キロ程】25.0km(難波起点)
【ホーム】2面2線
【乗降人員】4,848人(2019年度)

岸和田　きしわだ
【所在地】大阪府岸和田市宮本町1-10
【開業】1897(明治30)年10月1日
【キロ程】26.0km(難波起点)
【ホーム】2面4線
【乗降人員】23,549人(2019年度)

蛸地蔵　たこじぞう
【所在地】大阪府岸和田市岸城町16-1
【開業】1914(大正3)年4月1日
【キロ程】26.9km(難波起点)
【ホーム】2面2線
【乗降人員】4,677人(2019年度)

貝塚　かいづか
【所在地】大阪府貝塚市海塚1-1-1
【開業】1897(明治30)年10月1日
【キロ程】28.6km(難波起点)
【ホーム】2面4線
【乗降人員】20,061人(2019年度)

二色浜　にしきのはま
【所在地】大阪府貝塚市澤647-2
【開業】1938(昭和13)年10月1日
【キロ程】30.4km(難波起点)
【ホーム】2面2線
【乗降人員】4,485人(2019年度)

鶴原　つるはら
【所在地】大阪府泉佐野市鶴原1-1-26
【開業】1916(大正5)年5月15日
【キロ程】31.3km(難波起点)
【ホーム】2面2線
【乗降人員】3,369人(2019年度)

井原里　いはらのさと
【所在地】大阪府泉佐野市下瓦屋1-1-57
【開業】1952(昭和27)年4月1日
【キロ程】32.4km(難波起点)
【ホーム】2面2線
【乗降人員】3,126人(2019年度)

泉佐野　いずみさの
【所在地】大阪府泉佐野市上町3-11-41
【開業】1897(明治30)年10月1日
　　　　(佐野→泉佐野)
【キロ程】34.0km(難波起点)
【ホーム】3面4線
【乗降人員】24,494人(2019年度)

羽倉崎　はぐらざき
【所在地】大阪府泉佐野市羽倉崎1-1-24
【開業】1942(昭和17)年2月1日
【キロ程】36.1km(難波起点)
【ホーム】2面3線
【乗降人員】6,184人(2019年度)

吉見ノ里　よしみのさと
【所在地】大阪府泉南郡田尻町大字吉見603
【開業】1915(大正4)年10月1日
【キロ程】37.4km(難波起点)
【ホーム】2面2線
【乗降人員】3,908人(2019年度)

岡田浦　おかだうら
【所在地】大阪府泉南市岡田5-24-3
【開業】1915(大正4)年11月1日
【キロ程】38.8km(難波起点)
【ホーム】2面2線
【乗降人員】2,475人(2019年度)

樽井　たるい
【所在地】大阪府泉南市樽井5-41-1
【開業】1897(明治30)年11月9日
【キロ程】40.6km(難波起点)
【ホーム】2面3線
【乗降人員】7,949人(2019年度)

尾崎　おざき
【所在地】大阪府阪南市尾崎町95-1
【開業】1897(明治30)年11月9日
【キロ程】43.1km(難波起点)
【ホーム】2面4線
【乗降人員】10,428人(2019年度)

鳥取ノ荘　とっとりのしょう
【所在地】大阪府阪南市鳥取665
【開業】1919(大正8)年3月1日
【キロ程】44.6km(難波起点)
【ホーム】2面2線
【乗降人員】3,434人(2019年度)

箱作　はこつくり
【所在地】大阪府阪南市箱作320
【開業】1898(明治31)年10月22日
【キロ程】46.6km(難波起点)
【ホーム】2面2線
【乗降人員】4,968人(2019年度)

淡輪　たんのわ
【所在地】大阪府泉南郡岬町淡輪1197
【開業】1906(明治39)年8月15日
【キロ程】50.2km(難波起点)
【ホーム】2面2線
【乗降人員】2,177人(2019年度)

みさき公園　みさきこうえん
【所在地】大阪府泉南郡岬町淡輪3714
【開業】1938(昭和13)年7月23日
　　　　(南淡輪→みさき公園)
【キロ程】51.9km(難波起点)
【ホーム】2面5線
【乗降人員】4,679人(2019年度)

孝子　きょうし
【所在地】大阪府泉南郡岬町孝子602
【開業】1915(大正4)年4月11日
【キロ程】56.3km(難波起点)
【ホーム】2面2線
【乗降人員】116人(2019年度)

和歌山大学前　わかやまだいがくまえ
【所在地】和歌山県和歌山市中575-3
【開業】2012(平成24)年4月1日
【キロ程】58.0km(難波起点)
【ホーム】2面2線
【乗降人員】9,659人(2019年度)

紀ノ川　きのかわ
【所在地】和歌山県和歌山市市小路162-3
【開業】1898(明治31)年10月22日
【キロ程】61.6km(難波起点)
【ホーム】2面2線
【乗降人員】2,786人(2019年度)

和歌山市　わかやまし
【所在地】和歌山県和歌山市東蔵前丁3-6
【開業】1903(明治36)年3月21日
【キロ程】64.2km(難波起点)
【ホーム】3面6線(うち南海2面5線、
　　　　他はJR紀勢本線)
【乗降人員】16,455人(2019年度)

高師浜線

伽羅橋　きゃらばし
【所在地】大阪府高石市羽衣5-15-18
【開業】1918(大正7)年10月2日
【キロ程】1.0km(羽衣起点)
【ホーム】1面1線
【乗降人員】1,538人(2019年度)

高師浜　たかしのはま
【所在地】大阪府高石市高師浜4-1-37
【開業】1919(大正8)年10月25日
【キロ程】1.5km(羽衣起点)
【ホーム】1面1線
【乗降人員】1,697人(2019年度)

空港線

りんくうタウン　りんくうたうん
【所在地】大阪府泉佐野市りんくう往来北1
【開業】1994(平成6)年6月15日
【キロ程】1.9km(泉佐野起点)
【ホーム】2面4線(うち南海2面2線、
　　　　他はJR関西空港線)
【乗降人員】12,394人(2019年度)

関西空港　かんさいくうこう
【所在地】大阪府泉南郡田尻町泉州空港中1
【開業】1994(平成6)年6月15日
【キロ程】8.8km(泉佐野起点)
【ホーム】2面4線(うち南海1面2線、
　　　　他はJR関西空港線)
【乗降人員】35,010人(2019年度)

多奈川線

深日町　ふけちょう
【所在地】大阪府泉南郡岬町深日1433
【開業】1944(昭和19)年5月31日
【キロ程】1.4km(みさき公園起点)
【ホーム】1面1線
【乗降人員】488人(2019年度)

深日港　ふけこう
【所在地】大阪府泉南郡岬町深日2535
【開業】1948(昭和23)年11月3日
【キロ程】2.1km(みさき公園起点)
【ホーム】1面1線
【乗降人員】697人(2019年度)

多奈川　たながわ
【所在地】大阪府泉南郡岬町多奈川谷川2290
【開業】1944(昭和19)年5月31日
【キロ程】2.6km(みさき公園起点)
【ホーム】2面1線
【乗降人員】603人(2019年度)

加太線

東松江　ひがしまつえ
【所在地】和歌山県和歌山市松江東4-14-1
【開業】1930(昭和5)年12月1日
【キロ程】2.6km(紀ノ川起点)
【ホーム】1面2線
【乗降人員】947人(2019年度)

中松江　なかまつえ
【所在地】和歌山県和歌山市松江中3-3-1
【開業】1912(明治45)年6月16日
【キロ程】3.3km(紀ノ川起点)
【ホーム】1面2線
【乗降人員】883人(2019年度)

八幡前　はちまんまえ
【所在地】和歌山県和歌山市古屋222-2
【開業】1912(明治45)年6月16日
【キロ程】4.4km(紀ノ川起点)
【ホーム】2面2線
【乗降人員】1,483人(2019年度)

西ノ庄　にしのしょう
【所在地】和歌山県和歌山市西庄1016-3
【開業】1930(昭和5)年12月1日
【キロ程】5.5km(紀ノ川起点)
【ホーム】1面1線
【乗降人員】665人(2019年度)

二里ヶ浜　にりがはま
【所在地】和歌山県和歌山市西庄1017-3
【開業】1912(明治45)年6月16日
【キロ程】6.2km(紀ノ川起点)
【ホーム】2面2線
【乗降人員】396人(2019年度)

磯ノ浦　いそのうら
【所在地】和歌山県和歌山市磯の浦377-2
【開業】1912(明治45)年6月16日
【キロ程】7.1km(紀ノ川起点)
【ホーム】2面2線
【乗降人員】107人(2019年度)

加太　かだ
【所在地】和歌山県和歌山市加太1038-1
【開業】1912(明治45)年6月16日
【キロ程】9.6km(紀ノ川起点)
【ホーム】2面2線
【乗降人員】660人(2019年度)

和歌山港線

和歌山港　わかやまこう
【所在地】和歌山県和歌山市薬種畑
【開業】1971(昭和46)年3月6日
【キロ程】2.8km(和歌山市起点)
【ホーム】1面2線
【乗降人員】478人(2019年度)

高野線

汐見橋　しおみばし
【所在地】大阪府大阪市浪速区桜川3-8-74
【開業】1900(明治33)年9月3日
　　　　(道頓堀→汐見橋)
【キロ程】0.0km(汐見橋起点)
【ホーム】1面2線
【乗降人員】647人(2019年度)

芦原町　あしはらちょう
【所在地】大阪府大阪市浪速区芦原2-5-31
【開業】1912(大正元)年11月15日
【キロ程】0.9km(汐見橋起点)
【ホーム】2面2線
【乗降人員】225人(2019年度)

木津川　きづがわ
【所在地】大阪府大阪市西成区北津守1-8-67
【開業】1900(明治33)年9月3日
【キロ程】1.6km(汐見橋起点)
【ホーム】1面2線
【乗降人員】141人(2019年度)

津守　つもり
【所在地】大阪府大阪市西成区津守1-10-18
【開業】1913(大正2)年2月21日
【キロ程】2.6km(汐見橋起点)
【ホーム】2面2線
【乗降人員】774人(2019年度)

西天下茶屋　にしてんがちゃや
【所在地】大阪府大阪市西成区橘3-3-23
【開業】1915(大正4)年9月18日
【キロ程】3.6km(汐見橋起点)
【ホーム】2面2線
【乗降人員】270人(2019年度)

帝塚山　てづかやま
【所在地】大阪府大阪市住吉区帝塚山中1-5-8
【開業】1934(昭和9)年12月26日
【キロ程】5.7km(汐見橋起点)
【ホーム】2面2線
【乗降人員】7,981人(2019年度)

住吉東　すみよしひがし
【所在地】大阪府大阪市住吉区住吉1-8-49
【開業】1900(明治33)年9月3日
　　　　(住吉→住吉東)
【キロ程】6.6km(汐見橋起点)
【ホーム】2面4線(通過線2線含む)
【乗降人員】6,578人(2019年度)

沢ノ町　さわのちょう
【所在地】大阪府大阪市住吉区殿辻2-4-3
【開業】1942(昭和17)年2月15日
【キロ程】7.5km(汐見橋起点)
【ホーム】2面2線
【乗降人員】8,328人(2019年度)

我孫子前　あびこまえ
【所在地】大阪府大阪市住吉区遠里小野1-11-17
【開業】1907(明治40)年1月6日
【キロ程】8.1km(汐見橋起点)
【ホーム】2面2線
【乗降人員】8,563人(2019年度)

浅香山　あさかやま
【所在地】大阪府堺市堺区高須町3-3-1
【開業】1915(大正4)年6月22日
【キロ程】9.4km(汐見橋起点)
【ホーム】2面2線
【乗降人員】8,673人(2019年度)

堺東　さかいひがし
【所在地】大阪府堺市堺区三国ヶ丘御幸通61
【開業】1898(明治31)年1月30日
　　　　(大小路→堺→堺東)
【キロ程】11.0km(汐見橋起点)
【ホーム】2面4線
【乗降人員】60,454人(2019年度)

三国ヶ丘　みくにがおか
【所在地】大阪府堺市堺区向陵中町2-7-1
【開業】1942(昭和17)年2月15日
【キロ程】12.5km(汐見橋起点)
【ホーム】4面4線(うち南海2面2線、
　　　　他はJR阪和線)
【乗降人員】40,612人(2019年度)

百舌鳥八幡　もずはちまん
【所在地】大阪府堺区向陵東町2-12-17
【開業】1900(明治33)年9月7日
　　　　(百舌鳥→百舌鳥八幡)
【キロ程】13.4km(汐見橋起点)
【ホーム】2面2線
【乗降人員】4,540人(2019年度)

中百舌鳥　なかもず
【所在地】大阪府堺市北区中百舌鳥町2-196
【開業】1912(大正元)年10月10日
【キロ程】14.1km(汐見橋起点)
【ホーム】2面4線(泉北高速鉄道線含む)
【乗降人員】南海高野線24,442人(2019年
　　　　度)、泉北高速鉄道線39,021人
　　　　(2019年度)

白鷺　しらさぎ
【所在地】大阪府堺市北区金岡町1150-1
【開業】1964(昭和39)年5月25日
【キロ程】15.1km(汐見橋起点)
【ホーム】2面4線
【乗降人員】10,666人(2019年度)

初芝　はつしば
【所在地】大阪府堺市東区日置荘西町2-1-4
【開業】1898(明治31)年1月30日
　　　　(西村→初芝)
【キロ程】16.6km(汐見橋起点)
【ホーム】2面2線
【乗降人員】16,831人(2019年度)

萩原天神　はぎわらてんじん
【所在地】大阪府堺市東区日置荘原寺町94-3
【開業】1912(大正元)年10月10日
【キロ程】17.5km(汐見橋起点)
【ホーム】2面2線
【乗降人員】7,544人(2019年度)

北野田　きたのだ
【所在地】大阪府堺市東区北野田51-4
【開業】1914(大正3)年8月7日
【キロ程】19.3km(汐見橋起点)
【ホーム】2面4線
【乗降人員】33,628人(2019年度)

狭山　さやま
【所在地】大阪府狭山市池尻中1-1-1
【開業】1898(明治31)年1月30日
【キロ程】20.2km(汐見橋起点)
【ホーム】2面2線
【乗降人員】5,995人(2019年度)

大阪狭山市　おおさかさやまし
【所在地】大阪府狭山市狭山4-2340-1
【開業】1917(大正6)年7月5日
　　　　(河内半田→狭山遊園前→大阪狭山市)
【キロ程】21.8km(汐見橋起点)
【ホーム】2面2線
【乗降人員】9,483人(2019年度)

金剛　こんごう
【所在地】大阪府狭山市金剛1-1-1
【開業】1937(昭和12)年4月19日
【キロ程】22.9km(汐見橋起点)
【ホーム】2面4線
【乗降人員】32,863人(2019年度)